Cantando Arie, Studiamo L'italiano!
재미있게 노래부르며 이탈리아어를 배우자!

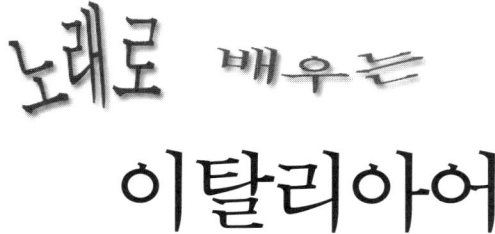
노래로 배우는 이탈리아어

최보선

저서
이한사전(공저) -한국외대출판부, 1991
모던 이탈리아어 1, 2 - 시사에듀케이션, 1993
이탈리아문화 - 대구효성가톨릭대학교 출판부, 1994
쉬운 이탈리아어 - 시사에듀케이션, 1998
신 이탈리아어 첫걸음 - 시사 에듀케이션, 2001

논문
구조분석을 통한 '신곡'의 예술성 연구
현대 이탈리아어의 형성과 발전연구
이탈리아 구주주의의 정체적 발전 연구
이탈리아어 절 연구
이탈리아어 교육제도
기호학적 분석을 통한 이탈리아어 문화와 언어의 상관성 연구

Cantando Arie, Studiamo L'italiano!
재미있게 노래부르며 이탈리아어를 배우자!

노래로 배우는 이탈리아어

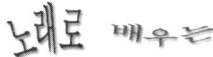

초판 1쇄 인쇄 / 2001년 4월 15일
초판 1쇄 발행 / 2001년 4월 20일
저자 / 최보선
발행인 / 서덕일
발행처 / 도서출판 문예림
출판등록 / 1962년 7월 12일 제 2-110호
주소 / 서울 광진구 군자동 195-21호 문예B/D 201호
전화 / 02-499-1281~2 팩스 / 02-499-1283
http://www.bookmoon.co.kr
Email: my1281@lycos.co.kr

ISBN 89-7482-143-5   13780

■ 잘못된 책과 테이프는 구입하신 서점에서 교환하여 드립니다.

Cantando Arie, Studiamo L'italiano!
재미있게 노래부르며 이탈리아어를 배우자!

노래로 배우는 이탈리아어

노래로 배우는 이탈리아어

■ 머리말

    대학교수로서 학생들에게 이탈리아어와 문화를 가르쳐 온지 벌써 13년이 흘렀다. 그 동안 졸저로서 이한사전, 이탈리아 문화, 모던이탈리아어, 쉬운이탈리아어, 신 이탈리아어 첫걸음 등 주로 이탈리아어의 구조를 분석한 것들이 주였다.

    성악 분야에서 이탈리아어를 제외한다는 것은 누구도 긍정할 수 없는 이유이기에 그리고 음대에서 성악도들을 다년간 지도하면서 느끼는 방법론의 한계에서 비롯된 것이 바로 '노래로 배우는 이탈리아어' 의 출판이라 할 수 있다.

    이 책은 성악 전공을 목표로 하는 중·고등학생들과 성악 전공 대학생들을 위한 필독서로서 성악과 교수님들이 엄선한 30곡을 여러 각도에서 분석하였다.

    정경순의 이탈리아 가곡 150곡집 상하(세광출판사)의 악보 상에 표기된 가사를 문장으로 재구성하여 제시한 후 어휘 풀이를 상술하였다. 이것만으로도 학생들 스스로 의미해석이 가능하도록 배려했으며 '바로 이해하며 노래부르기' 에서는 어순이 다름으로 인해 성악도들이 겪는 불편함을 깨끗이 해소해 주고 있다. 이제부터 여러분은 노래 부르면서 이해하기 때문에 보다 풍부한 감정 전달이 가능하게 될 것이다.

    또한 유학 생활에 반드시 알아두어야 할 일상회화도 Annalisa Peloso의 Parlo italiano prove, e' facile, DEMETRA, 2000를 근간으로 하여 상황별로 분류해 놓았고 문법도 간략하게 별도로 서술했다.

국내 최초로 시도된 본 서를 통해 미래의 성악도들이 이탈리아어에 진정한 관심을 갖게 되길 기원한다.

끝으로 사랑하는 나의 제자들과 나의 가족, 집필 과정에서 진심어린 조언과 관심을 아끼지 않았던 성악과 교수님들, 녹음에 참여해준 충남대 음악학과 박희준, 이민희, 임소영, 최지연 학생께 감사드린다. 그리고 출판을 흔쾌히 허락해 주신 문예림 출판사 서덕일 사장님과 편집부 직원들께도 심심한 감사의 뜻을 표한다.

2001년 2월
최보선

■ 차례

1. **STAR VICINO** - 곁에 있음은 /10
2. **INTORNO ALL'IDOL MIO** - 내 님 주위에 /17
3. **ARIA DI CHIESA** - 敎會의 아리아 /25
4. **Tu lo sai** - 그대 그걸 알고 있네 /38
5. **GIA' IL SOLE DAL GANGE** - 갠지즈강에 이미 해 /44
6. **LE VIOLETTE** - 오랑캐 꽃 /54
7. **ALMA DEL CORE** - 마음의 靈魂 /63
8. **IL MIO BEN QUANDO VERRÀ** - 내 님은 언제 오려나 /73
9. **NEL COR PIU' NON MI SENTO** - 마음속엔 더 이상 느껴지질 않네 /84
10. **O DEL MIO DOLCE ARDOR** - 오, 달콤한 내 사랑 /90
11. **SPIAGGE AMATE** - 사랑스런 海邊 /100
12. **CARO MIO BEN** - 내 님에게서 멀리 떠나서는 /109
13. **LUNGI DAL CARO BENE** - 힘내라 힘! /115
14. **IL RIMPROVERO** - 꾸지람 /123
15. **LA PASTORELLA DELLE ALPI** - 알프스의 양치기 少女 /133
16. **LA PROMESSA** - 約束 /142
17. **AMORE E MORTE** - 사랑과 죽음 /151

18. ALMEN SE NON POSS'IO - 적어도 내가 할 수 없다면 /161

19. IL FERVIDO DESIDERIO - 간절한 소망 /168

20. PER PIETA`, BELL` IDOL MIO - 제발, 아름다운 내 님이여 /173

21. VAGA LUNA, CHE INARGENTI - 은빛으로 빛나게 하는 영롱한 달이여 /182

22. MALINCONIA, NINFA GENTILE - 애수에 젖은 상냥한 요정이여 /192

23. SOGNAI - 난 꿈꾸었네 /200

24. NON T'ACCOSTARE ALL'URNA - 무덤 가까이 오지 마라 /212

25. IL BACIO - 입맞춤 /223

26. AVE MARIA - 아베 마리아 /236

27. NON E' VER? - 거짓인가요? /247

28. APRILE - 4月 /258

29. IDEALE - 理想 /269

30. L'ULTIMA CANZONE - 最後의 노래 /279

문법 요약 /280

1. STAR VICINO

곁에 있음은

Salvatore Rosa (1615-1673)

STAR VICINO

노래가사

Star (1) <u>vicino al bell'idol</u> che (2) <u>s'ama</u>,
è (3) <u>il più vago diletto d'amor</u>! E' il più vago
diletto, il più vago diletto d'amore, il più
vago diletto d'amore.
Star (4) <u>lontan da colei</u> che (5) <u>si brama</u>, è d'amor (6) <u>il più
mesto dolor</u>! (7) <u>E' d'amor il più
mesto dolor</u>, il più mesto dolor! il più
mesto, più mesto dolor!

어휘 및 문법

star(e) v.intr. : 있다, 위치하다

vicino a : ~곁에

idol(o) s.m. : 님, 偶像, 神像

s'ama ← si ama : (사람들이) 사랑한다

si : 사람들이 → 일반주어

ama ← amare v.tr. : 사랑한다 → 文法*직설법현재(N. 7)

più : more (英)

vago agg. : 막연한, 불확실한; 우아한, 아름다운; 갈망하는

diletto s.m. : 희열, 기쁨

amor(e) s.m. : 사랑

lontana da : ~부터 멀리 떨어진

colei = lei : 그 여성, 그 여자, 그녀

STAR VICINO

si brama : (사람들이) 열망한다, 갈망한다

brama ← bramare v.tr. : 열망하다, 갈망하다 → 文法*직설법현재(N. 7)

mesto agg. : 슬픈, 비참한, 우울한

dolore s.m.: 고통

바로 이해하며 노래부르기

Star   vicino al   bell'idol   che s'ama, /
있음은   곁에   아름다운 님   (사람들이) 사랑하는

è il più vago diletto   d'amor!   E' il più vago
가장 큰 기쁨이네   사랑의   가장 큰

diletto,   il più vago diletto   d'amore,   il più
기쁨   가장 큰 기쁨이네   사랑의,   가장

vago diletto   d'amore. /
큰 기쁨이네   사랑의.

Star   lontan da   colei   che si brama, /   è d'amor il più
있음은   멀리 떨어져   그녀와   (사람들이) 그리워하는   사랑의   가장

mesto dolor! /   E' d'amor   il più
슬픈 고통이네!   사랑의   가장

mesto dolor,   il più mesto dolor!   il più
슬픈 고통,   가장 슬픈 고통이네!   가장

mesto,   più mesto dolor! /
슬픈   슬픈 고통이라네!

노래 해설

(1) vicino al bell'idol
   * vicino a~ : ~곁에
   * il bell'idol은 il bello idol의 모음축약.
   * al = a + il → 文法*전치사관사(N. 24)

(2) s'ama
   * s'ama는 si ama의 결합형. 여기서 si를 일반주어 혹은 수동태 si로 볼 수 있다.
   즉 '사람들이 사랑하는' 혹은 '사랑받는' → 文法*수동태 SI(N. 40)

(3) il più vago diletto
   * 상대적 최상급의 형태로서 '정관사(il, lo, la) + più/meno + 형용사 + 명사' → 文法*최상급(N. 38)

(4) lontan da colei
   * colei 그 여성, 그 여자 (주로 관계대명사의 선행사로 쓰이는 지시대명사)

(5) si brama
   * brama는 동사 bramare (열망하다, 갈망하다)의 3인칭단수 → 文法*직설법현재(N. 7)
   * (2)의 si ama에서 보듯이 si를 일반주어 혹은 수동태 si로 볼 수 있다.

(6) il più mesto dolor!
   * (3)에서 설명하였듯이 상대적 최상급의 형태

(7) E' d'amor il più mesto dolor
   * il più mesto dolor(e)와 d'amore가 서로 도치되었다.

회화 한마디

DIALOGO N. 1
INCONTRARSI (대면하기)

A: Buongiorno, come si chiama?
   안녕하세요. 성함이 어떻게 되시죠?
B: Mi chiamo Mariasol Fernandez.
   마리아솔 훼르난데즈입니다.
A: Da dove viene?
   어느 나라 분이신가요?
B: Sono argentina. Vengo da Buenos Aires.
   아르헨티나 사람입니다. 부에노스아이레스 출신입니다.
A: Da quanto tempo è in Italia?
   이탈리아에 계신지는 얼마나 되시죠?
B: Sono in Italia da quindici anni.
   15년 됐습니다.

DIALOGO N. 2
INCONTRARSI (대면하기)

A: Qual è il suo nome?
   당신의 이름은 뭐죠?
B: Il mio nome è Mariasol.
   제 이름은 마리아솔입니다.
A: E il cognome?
   그럼 성은요?
B: Fernandez.

훼르난데즈입니다.

A: Quando è nata?
언제 태어나셨나요?(생년월일은요?)

B: Sono nata il 16 agosto 1952. Ho quarantasei anni.
1952년 8월 16일생입니다. 46세입니다.

2. INTORNO ALL'IDOL MIO

내 님 주위에
Marco Antonio Cesti(1623-1669?)

INTORNO ALL'IDOL MIO

INTORNO ALL'IDOL MIO

노래 가사

Intorno all' idol mio
(1) <u>spirate</u> pur, spirate, aure,
(2) <u>aure soavi e grate</u>, e (3) <u>nelle guancie elette</u>
(4) <u>baciatelo</u> per me, cortesi,
cortesi aurette! E nelle guancie elette
baciatelo per me, baciatelo per me, cortesi,
cortesi aurette!

어휘 및 문법

intorno a : ~주위에

idol(o) s.m. : 偶像視하는 인물, 偶像, 神像. 여기서는 '사랑하는 님'.

mio : 나의 → 文法*소유 형용사(N. 4)

spirate ← spirare v.tr./intr. : (바람 따위가) 불다; 發散하다, 表하다

pur(e) : 어서

aure ← aura s.f. : 微風, 솔바람

soavi ← soave agg. : 감미로운, 향기로운, 은은한, 부드러운, 달콤한 → 文法*형용사(N. 37)

grate ← grato agg. : 感謝에 넘치는, 기분 좋은, 즐거운, 친절한, 유쾌한

nelle ← in + le : ~속에, ~안에 → 文法*전치사관사(N. 24)

guancie ← guancia s.f. : 뺨

elette p.p. ← eleggere v.tr. : 선택받은, 선택된

baciatelo ← baciate + lo : 그를 입맞춤하라 → 文法*명령형(N. 18)

per me : 나를 위해

cortesi ← cortese agg. : 친절한, 예의바른

aurette ← auretta s.f. : 작은 (귀여운) 솔바람들

바로 이해하며 노래부르기

Intorno   all'idol mio
주위로   (사랑하는) 내 님

spirate   pur,   spirate, aure,
불어라   어서,   불어라, 솔바람들아,

aure   soavi e grate, /   e   nelle guancie elette
솔바람들아   감미롭고 유쾌한, 그리고   선택받은 님의 뺨에

baciatelo   per me,   cortesi,
그를 입맞춰주렴 내 대신,   친절하고

cortesi aurette! /   E   nelle guancie elette
귀여운 솔바람들아!   그리고   선택받은 님의 뺨에

baciatelo   per me, / baciatelo   per me,   cortesi,
그를 입맞춰주렴 내 대신, 그를 입맞춰주렴 내 대신,   친절하고,

cortesi aurette! /
귀여운 솔바람들아!

노래 해설

(1) spirate

  * 동사 spirare의 voi (너희들)에 대한 명령형 → 文法*명령형(N. 18)

INTORNO ALL'IDOL MIO

　　* 직설법 현재 voi에 대한 활용어미와 동일하다.
(2) aure soavi e grate
　　* 명사 aure가 여성복수형이므로 이를 수식하는 형용사 원형 soave의 어미도 복수형으로 일치시켜야 한다. → 文法*어미일치(N. 37)
　　* 형용사 원형 grato의 어미도 여성복수형으로 바뀌어야 한다.
(3) nelle guancie elette
　　* nelle guancie = in + le guancie.
　　그러나 전치사 in과 정관사 le는 음성학적으로 결합하려는 성질을 갖기에 nelle로 표현된다. 이것을 '전치사관사'라고 부른다. → 文法*전치사관사(N. 24)
　　* elette는 동사 eleggere (선택하다, 선거하다)의 과거분사형이나 명사 guancie가 여성복수형이므로 어미일치를 보이고 있다. → 文法*어미일치(N. 37)
(4) baciatelo
　　* baciatelo = baciate + lo.
　　* baciate는 동사 baciare (입맞추다, 키스하다)의 voi (너희들, 여기서는 솔바람들)에 대한 명령형. → 文法*명령형(N. 18)
　　* lo는 직접대명사라 부르며 '그를'의 의미를 갖는다.
　　여기서는 '님'을 뜻한다 → 文法*직접대명사(N. 20)

회화 한마디

DIALOGO N. 3
INCONTRARSI (대면하기)

A: Ciao, come ti chiami?
　　안녕. 너 이름 뭐니?

B: Mariasol.
마리아솔.

A: Bel nome! Quanti anni hai?
예쁜 이름이구나! 몇 살이니?

B: Quarantasei.
마흔여섯이야.

A: E dove abiti?
그런데 넌 어디 사니?

B: Abito a Verona, in via Colombo.
베로나市, 콜롬보街에 살아.

DIALOGO N. 4
INCONTRARSI (대면하기)

A: Sei sposata?
너 결혼했니?

B: Sì, da quindici anni.
했어. 15년 됐어.

A: Hai figli?
아이들은 있니?

B: Sì, due, un maschio e una femmina.
있어. 둘인데, 아들 하나 딸 하나야.

A: Che lavoro fai?
무슨 일 하니?

B: Faccio la cuoca in un ristorante.
레스토랑 요리사야.

3. ARIA DI CHIESA

敎會의 아리아
Alessandro Stradella (1642-1682)

ARIA DI CHIESA

ARIA DI CHIESA

ARIA DI CHIESA

〈중략〉

노래가사

(1) <u>Pietà, Signore, di me dolente,</u>
Signor, pietà! (2) <u>Se a te
giunge il mio pregar non mi punisca
il tuo rigor:</u> (3) <u>meno severi, clementi
ognora volgi i tuoi sguardi sopra di me,
sopra di me:</u> (4) <u>non fia mai che nell'inferno
sia dannato nel fuoco eterno
dal tuo rigor:</u> gran Dio, giammai
sia dannato nel fuoco eterno
dal tuo rigor, dal tuo rigor.

Pietà, Signore, Signore, pietà
di me dolente, se a te giunge il mio pregar,
il mio pregar meno severi, clementi
ognora volgi i tuoi sguardi, deh, volgi i guardi
su me, Signor, su me, Signor.
Pietà, Signore,
di me dolente, Signor, pietà!
Se a te giunge il mio pregar non mi punisca
il tuo rigor: meno severi,
clementi ognora volgi i tuoi sguardi sopra di me,
sopra di me: non fia mai che nell' inferno
sia dannato nel fuoco eterno dal tuo rigor:
gran Dio, giammai

ARIA DI CHIESA

sia dannato nel fuoco eterno dal tuo rigor,
dal tuo rigor.

어휘 및 문법

pietà s.f. : 慈悲, 同情心

Signore s.m. : 神, 주 예수, 주님

di me : 나의 → 文法*강세형 보어(N. 22, 31)

dolente agg. : 괴로운, 悲痛한

se : 만약, 만일, ~라면

a te : 너에게 → 文法*강세형 보어(N. 22, 31)

giunge ← giungere v.intr. : 당도한다, 도착한다, ~에 이른다

il mio pregar(e) : 나의 기도

non : not (英)

mi : 나를 → 문법*직접대명사(N. 20)

punisca ← punire v.tr. : 罰하라, 罰주라 → 文法*접속법현재(N. 28)

il tuo rigor(e) : 당신의 嚴格함

meno : less (英) 보다 작게, 보다 적게,

severi ← severo agg. : 엄격한

clementi ← clemente agg. : 온화한, 온순한, 너그러운, 인자한

ognora = sempre avv. : 언제나, 항상

volgi ← volgere v.tr. : 방향을 돌린다

i tuoi sguardi : 그대의 시선들을

sopra di me : 내 위로

fia (古語) = sarà ← essere v.intr. : will be (英) → 文法*직설법미래(N. 15) non ~ mai : never (英)

che : that (英)

nell' inferno = in + l' inferno : 지옥에서

sia ← essere v.intr. : → 文法*접속법현재(N. 28)

dannato p.p. ← dannare v.tr. : 지옥에 떨어진, 곤혹한

nel fuoco = in + il fuoco : 불 속에

eterno agg. : 영원한

gran(de) agg. : 위대한

Dio : 神, 하나님

giammai : mai의 강조형. 결코 ~이 아니다, 일찍이 ~이 없다, 전연 ~가 될 수 없다

바로 이해하며 노래부르기

Pietà,　　　Signore,　di me dolente,
자비(를 베푸소서), 주여,　고통받는 내게,

Signor,　pietà! / Se　a te
주여　자비를! 만약　당신께

giunge　il mio pregar　non mi punisca
도달한다면　내 기도가　나를 벌하지 마소서

il tuo rigor: / meno severi,　　clementi
엄하게:　덜 엄격하고,　자비로운 (당신의 시선을)

ognora　volgi　i tuoi sguardi　sopra di me,
항상　돌리소서　당신의 시선을　내 위로,

sopra di me: / non fia mai che　nell'inferno
내 위로:　결코 없을 겁니다　지옥에서

ARIA DI CHIESA

sia dannato　　nel fuoco eterno
고통받는 일은　　영원한 불 속에서

dal tuo rigor: /　　gran Dio,　　　giammai
당신의 엄격함에 의해: 숭고한 하나님,　절대 없을 겁니다

sia dannato　　nel fuoco eterno
고통받는 일은　　영원한 불 속에서

dal tuo rigor,　　　dal tuo rigor. /
당신의 엄격함에 의해,　당신의 엄격함에 의해

Pietà,　　Signore,　Signore,　　pietà
자비를 베푸소서,　주여,　　주여,　　자비를 베푸소서

di me dolente, /　se　a te　giunge　il mio pregar,
고통받는 내게,　만약 당신께 도달한다면 내 기도가,

il mio pregar: /　meno severi,　clementi
내 기도가.　　　덜 엄격하고,　　자비로운 (당신의 시선을)

ognora　volgi　　i tuoi sguardi,　deh, volgi　　i guardi
항상　돌리소서　　당신의 시선을,　아, 돌리소서　　시선을

su me,　Signor, su me,　Signor. /
내 위로,　주여,　내 위로,　주여.

Pietà,　　　Signore,
자비를 베푸소서,　주여,

di me dolente, Signor, pietà! /
고통받는 내게　주여,　자비를 베푸소서!

se　a te　giunge　il mio pregar　non mi punisca
만약 당신께 도달한다면 내 기도가　　날 벌하지 마소서

il tuo rigor: /　meno severi,
엄하게.　　　덜 엄격하고

clementi　　　　　　　ognora volgi　i tuoi sguardi sopra di me,
자비로운 (당신의 시선을)　항상　돌리소서 당신의 시선을　내 위로

sopra di me: / non fia mai che　nell'inferno
내 위로.　　　　결코 없을 겁니다　　지옥에서

sia dannato　nel fuoco eterno　dal tuo rigor: /
고통받는 일은　영원한 불 속에서　당신의 엄격함에 의해.

gran Dio,　　　giammai
숭고한 하나님　절대 없을 겁니다

sia dannato　nel fuoco eterno　dal tuo rigor,
고통받는 일은　영원한 불 속에서　당신의 엄격함에 의해

dal tuo rigor. /
당신의 엄격함에 의해

노래 해설

(1) Pietà, Signore, di me dolente,

　　* di me dolente와 Signore가 서로 도치되었다.

(2) Se a te giunge il mio pregar non mi punisca il tuo rigor

　　* 가정절 Se a te giunge il mio pregar와 주절 non mi punisca il tuo rigor로 구성.

　　* a te : 전치사 a를 뒤따르는 인칭대명사 tu의 직접보어강세형 te.

　　* 전치사 a, per, con, di, da + 직접보어강세형 me, te, lui, lei, noi, voi, loro.

　　* giunge는 동사 giungere의 직설법현재3인칭단수형. 주어는 il mio pregar.

　　* mi : 인칭대명사 io의 직접 혹은 간접보어비강세형. 여기서는 직접보어로서 '나를'.

ARIA DI CHIESA

* punisca는 동사 punire (벌하다)의 접속법3인칭단수형.
  여기서는 Lei에 대한 존칭명령형. 주어는 Signore.
* il tuo rigor : '당신의 엄격함'의 의미를 지니지만 문맥상 '엄하게'로
  보면 될 것이다.

(3) meno severi, clementi ognora volgi i tuoi sguardi sopra di me
  * meno severi, clementi가 sguardi 바로 뒤로 가야 한다.
  * volgi : 자동사 volgere의 Lei에 대한 존칭명령형.
  * i tuoi sguardi meno severi, clementi : 덜 엄격하고 자비로운 당신의
    시선들
  * sopra di me : sopra di를 뒤따르는 io의 직접보어강세형 me.

(4) non fia mai che nell'inferno sia dannato nel fuoco eterno dal tuo
  rigor
  * non fia mai = non sarà mai : sarà는 동사 essere의 미래3인칭단수형.
  * sia dannato dal tuo rigor : 수동태 문장. sia는 essere의 접속법현재
    형. 주절 non fia mai의 의미가 주관적이므로 종속절의 동사 essere를
    접속법으로 사용해야 한다.
  * nel fuoco eterno에서 형용사 eterno는 명사 fuoco 뒤에서 어미일치
    를 하며 수식하고 있다. nel = in + il.

회화 한마디

DIALOGO N. 5
L'ASPETTO FISICO (신체적 외관)

A: Che bel bambino!
   어쩜 아기가 이렇게 예뻐요!

B: Ha gli occhi azzurri come sua nonna e i capelli ricci come suo padre.
할머니를 닮아 눈은 파랗고 아빠를 닮아 곱슬머리에요.

A: Quanto ha?
몇 개월인데요?

B: Sei mesi.
6개월이에요.

A: Come si chiama?
이름이 뭐예요?

B: Kwaku come suo nonno.
할아버지 이름을 따서 크와쿠에요.

DIALOGO N. 6
L'ASPETTO FISICO (신체적 외관)

A: Come sei grassa!
너 무척 몸이 불었구나!

B: E' vero, per la mia statura peso troppo.
네 말이 맞아. 키에 비해 체중이 너무 나가.

A: Quanto sei alta?
키가 몇인데?

B: Un metro e sessanta.
1미터 60.

A: E quanto pesi?
그럼 체중은?

B: Settanta chili e tu invece?
70킬로. 그런데 너는?

A: Io sono a dieta e peso solo cinquantacinque chili.
  난 다이어트 중이야. 55킬로 밖에 안 나가.

4. Tu lo sai

그대 그걸 알고 있네
Giuseppe Torelli (1658-1709)

Tu lo sai

노래가사

(1) Tu lo sai quanto t'amai, tu lo sai, lo
sai, crudel! Io non bramo altra merce
ma (2) ricordati di me, e poi (3) sprezza un infedel,
e poi sprezza un infedel.
Tu lo sai quanto t'amai, tu lo sai, lo
sai, crudel! Tu lo sai, quanto t'amai,
Tu lo sai, lo sai, crudel, Tu lo sai, quanto t'amai.
Tu lo sai, lo sai, crudel!

어휘 및 문법

tu : 너는, 네가 → 文法*주격인칭대명사(N. 1)

lo : 그것을, 그 남자를, 그 사실을 → 文法*직접대명사(N. 20)

sai ← sapere v.tr. : (그대는) 알고 있다 → 文法*직설법현재(N. 7)

quanto : 얼마나

t'amai = ti amai : (내가) 너를 사랑했다 → 文法*원과거(N. 42)

crudel(e) agg. : 잔인한, 잔혹한

io : 나는, 내가. → 文法*주격인칭대명사(N. 1)

non : not (英)

bramo ← bramare v.tr. : (난) 열망한다, 갈망한다

altra ← altro agg. : 다른

merce s.f. : 慈悲, 憐憫, 恩惠, 好意

ma : but (英)

Tu lo sai

ricordati = ricorda + ti ← ricordarsi v.rifl. :(그대는) 기억하라! → 文法*명령형(N. 18)

di me : 나에 대해 → 文法*강세형(N. 31)

e poi : 그리고 나서

sprezza ← sprezzare, disprezzare : (그대는) 경멸하라! 멸시하라! → 文法*명령형(N. 18)

un infedel : 믿지 못할 사람, 不信者, 異敎徒

바로 이해하며 노래부르기

Tu lo sai   quanto   t'amai,   tu lo sai,   lo
넌 그걸 알고 있네 얼마나 (내가) 널 사랑했는지, 넌 그걸 알고 있네, 그걸

sai,   crudel! /   Io non bramo altra merce /
알고 있네, 잔인한 사람아! 난 원치는 않네 다른 자비를

ma ricordati   di me, / e poi   sprezza   un infedel,
다만 기억해줘요 나에 대해, 그리고 나서 경멸해요 믿지 못할 사람을,

e poi   sprezza   un infedel. /
그리고 나서 경멸해요 믿지 못할 사람을.

Tu lo sai   quanto   t'amai,   tu lo sai,   lo
넌 그걸 알고 있네 얼마나   널 사랑했는지, 넌 그걸 알고 있네, 그걸

sai,   crudel! /   Tu lo sai,   quanto   t'amai,
알고 있네, 잔인한 사람아! 넌 그걸 알고 있네, 얼마나 널 사랑했는지,

tu lo sai,   lo sai,   crudel, /   tu lo sai,   quanto t'amai. /
넌 알고 있네, 알고 있어, 잔인한 사람아! 넌 알고 있네, 얼마나 널 사랑했는지.

Tu lo sai,   lo sai,   crudel! /
넌 알고 있네,   알고 있어,   잔인한 사람아!

노래 해설

(1) Tu lo sai quanto t'amai
   * 직접보어 lo는 quanto t'amai를 지시한다. 문장을 지시할 경우 직접보어 남성형을 사용한다. → 文法*직접보어대명사(N. 20)
   * t'amai = ti amai : amai는 동사 amare (사랑하다)의 원과거1인칭단수형.
     → 文法*원과거(N. 42)

(2) ricordati di me
   * ricordati는 재귀동사 ricordarsi (기억하다)의 tu에 대한 명령형. → 文法*명령형(N. 18)
   * di me : 나에 대해. 인칭대명사가 전치사를 후행 할 경우 강세형을 사용한다.

(3) sprezza un infedel,
   * sprezza는 동사 sprezzare (경멸하다)의 tu에 대한 명령형 → 文法*명령형(N. 18)

회화 한마디

DIALOGO N. 7
TIPI DI LAVORO (직업의 유형들)

A: Che lavoro fai?
   넌 어떤 일 하니?

B: Faccio il muratore.
   벽돌공 일을 해.

A: E tuo fratello che lavoro fa?
그럼, 네 형은 어떤 일을 하니?

B: Lui fa il cuoco.
그는 요리사 일을 해.

DIALOGO N. 8
TIPI DI LAVORO (직업의 유형들)

A: Dove lavorano Fatima e Nourredine?
파띠마와 누레딘은 어디서 일하니?

B: Fatima lavora in un bar. Fa la cameriera. Nourredine non lavora.
파띠마는 빠에서 일하는데, 웨이터 일을 한다. 누레딘은 일 안 해.

A: E tu cosa fai?
그럼, 넌 뭘 하니?

B: Io faccio l'operaio e ho il turno di notte.
난 공장 일을 하는데 야간 근무를 해.

5. GIA' IL SOLE DAL GANGE

갠지스강에 이미 해가
Alessandro Scarlatti (1660-1725)

GIA' IL SOLE DAL GANGE

GIA' IL SOLE DAL GANGE

GIA' IL SOLE DAL GANGE

노래가사

Già il sole dal Gange, (1) già il sole dal
Gange più chiaro, più chiaro sfavilla, più chiaro sfavilla, più
chiaro, più chiaro sfavilla e
(2) terge ogni stilla dell'alba che piange,
dell'alba che piange, dell'alba che piange, dell'alba che
piange. Già il sole
dal Gange, già il sole dal Gange più chiaro, più chiaro sfavilla,
più chiaro sfavilla, più chiaro, più chiaro sfavilla.

Col raggio dorato, (3) col raggio dorato,
ingemma, ingemma ogni stelo, ingemma ogni stelo,
ingemma, ingemma ogni stelo, e (4) gli astri
del cielo dipinge nel prato; dipinge
nel prato, dipinge nel prato, dipinge nel prato.
Col raggio dorato, col raggio dorato,
ingemma, ingemma ogni stelo, ingemma ogni
stelo, ingemma, ingemma ogni stelo.

어휘 및 문법

già avv. : 이미

il sole s.m. : 태양

dal Gange = da + il Gange : 갠지즈강에

GIA' IL SOLE DAL GANGE

più : more (英)

chiaro agg. : 밝은, 휘황한, 빛이 가득한

sfavilla ← sfavillare v.intr. : (불꽃처럼) 빛난다, (불꽃을) 발산한다

e : and (英)

terge ← tergere v.tr. : 마른다

ogni : 모든

stilla s.f. : 물방울

dell'alba = di + l'alba : 동틀 녘에, 새벽에

che : that (英)

piange ← piangere v.intr. : 운다

col = con + il : ~와 함께, ~로 → 文法*전치사관사(N. 24)

raggio s.m. : 광선, 日光, 빛

dorato p.p. ← dorare v.tr. : 금박 된

ingemma ← ingemmare v.tr. : 보석으로 꾸민다, 장식한다

stelo s.m. : (식물의) 줄기

gli astri ← lo astro s.m. : 별들, 天體

del cielo = di + il cielo s.m. : 하늘의

dipinge ← dipingere v.tr. : 그린다, 묘사한다, 채색한다

nel plato = in + il prato s.m. : 목초지, 목장, 초원에

바로 이해하며 노래부르기

Già il sole dal Gange, già il sole dal
이미 해가 갠지즈강에 이미 해가 갠지즈

GIA' IL SOLE DAL GANGE

Gange più chiaro, più chiaro sfavilla, più chiaro sfavilla, più
강에   더 밝게,   더 밝게 빛나네,   더 밝게 빛나네,   더

chiaro, più chiaro sfavilla / e
밝게,   더 밝게 빛나네   그리고

terge   ogni stilla   dell'alba che piange,
마르네   모든 이슬이   눈물짓는 새벽의,

dell'alba che piange, dell'alba che piange, dell'alba che
눈물짓는 새벽의,   눈물짓는 새벽의,   눈물짓는

piange. / Già il sole
새벽의.   이미 해가

dal Gange, già il sole dal Gange più chiaro, più chiaro sfavilla,
갠지즈강에, 이미 해가 갠지즈강에   더 밝게,   더 밝게 빛나네,

più chiaro sfavilla, più chiaro, più chiaro sfavilla. /
더 밝게 빛나네,   더 밝게, 더 밝게 빛나네.

Col raggio dorato, col raggio dorato,
황금빛으로,   황금빛으로,

ingemma, ingemma ogni stelo,   ingemma ogni stelo,
장식하네, 장식하네 모든 (식물의) 줄기를   장식하네 모든 줄기를,

ingemma, ingemma ogni stelo, / e   gli astri del cielo
장식하네, 장식하네 모든 줄기를,   그리고   하늘의 별들을

dipinge   nel prato; dipinge
그리네   초원에;   그리네

nel prato, dipinge nel prato, dipinge nel prato. /
초원에,   그리네   초원에,   그리네 초원에.

Col raggio dorato, col raggio dorato,
황금빛으로,   황금빛으로,

GIA' IL SOLE DAL GANGE

ingemma,   ingemma   ogni stelo,   ingemma   ogni
장식하네,   장식하네   모든 줄기를,   장식하네   모든

stelo,   ingemma,   ingemma   ogni stelo. /
줄기를,   장식하네,   장식하네   모든 줄기를.

노래 해설

(1) già il sole dal Gange più chiaro, più chiaro sfavilla,
- * più chiaro는 비교급.
- * sfavilla는 동사 sfavillare의 직설법3인칭단수형. 주어는 il sole.

(2) terge ogni stilla dell'alba che piange,
- * terge는 동사 tergere의 직설법3인칭단수형. 주어는 ogni stilla.
- * che piange에서 che는 관계대명사이며, 선행사는 ogni stilla.

(3) col raggio dorato, ingemma, ingemma ogni stelo,
- * col = 전치사 con + 정관사 il.
- * dorato는 동사 dorare의 과거분사형으로서 명사 il raggio를 수식한다. 이때 raggio와 성수일치는 필수.

(4) gli astri del cielo dipinge nel prato;
- * dipinge는 동사 dipingere의 직설법3인칭단수형이므로 주어는 gli astri del cielo가 아닌 il sole가 된다.
- * nel prato = in + il prato

회화 한마디

DIALOGO N. 9
TIPI DI LAVORO (직업의 유형들)

A: Sei un'impiegata?
너 회사원이니?

B: No. Faccio la commessa in un negozio di abbigliamento.
아니. 의류점에서 점원으로 일해.

A: Dove lavori?
어디서 일하는데?

B: Lavoro in centro, in via Mazzini.
시내 맛찌니 가에서 일해.

A: Anche mia sorella lavora lì.
나의 언니도 거기서 일해.

B: Davvero? Come si chiama?
정말? 언니 이름이 뭔데?

A: Lucia. Lucia Giacometti. La conosci?
루치아. 루치아 지아꼬멧띠. 그녀를 아니?

B: Sì, certo. E' molto simpatica.
그럼, 물론이지. 정말 성격 좋더라.

DIALOGO N. 10
CALENDARIO (달력)

A: Che giorno è oggi?
오늘 몇 일이지?

B: E' il 15 aprile.

4월 15일.

A: Sì, ma che giorno della settimana?
그렇구나. 그런데 무슨 요일이니?

B: E' giovedì.
목요일.

A: E' giovedì prossimo che giorno è?
다음 주 목요일은 몇 일이니?

B: E' il 22 aprile.
4월 22일이야.

6. LE VIOLETTE

오랑캐 꽃
Alessandro Scarlatti (1660-1725)

LE VIOLETTE

LE VIOLETTE

노래가사

Rugiadose, odorose, violette graziose,
rugiadose, odorose, violette graziose,
violette graziose! (1) <u>Voi vi state vergognose</u>
<u>mezzo ascose, mezzo ascose fra le foglie</u> e (2) <u>sgridate le mie</u>
<u>voglie</u> <u>che son tropp' ambiziose</u>, e sgridate
le mie voglie che son troppo, son tropp' ambiziose.
Rugiadose, odorose, violette, violette graziose,
rugiadose, odorose, violette, violette graziose,
violette graziose! Voi vi state vergognose
mezzo ascose fra le foglie, e sgridate le mie voglie,
che son tropp' ambiziose, e sgridate le mie voglie
che son troppo, son tropp' ambiziose.
Rugiadose, odorose, violette, violette graziose,
rugiadose, odorose violette, violette graziose,
violette, violette, graziose.

어휘 및 문법

rugiadose ← rugiadoso agg. : 이슬 맺힌
odorose ← odoroso agg. : 향기 나는, 향기로운 (= profumato, olezzante)
violette ← violetta s.f. : 오랑캐 꽃들
graziose ← grazioso agg. : 우아한, 어여쁜
voi : 너희들은 → 文法*주격인칭대명사(N. 1)

LE VIOLETTE

state ← stare v.intr. : (장소, 위치, 상황 따위에) (너희들은) 있다

vergognose ← vergognoso agg. : 수줍은

mezzo agg. / avv. : 절반의, 중간의 / 절반 정도로

ascose p.p./agg. <- ascondere v.tr. : 숨긴 (= nascondere)

fra ~ : ~ 사이

le foglie ← la foglia s.f. : 잎새들

sgridate ← sgridare v.tr. : 꾸짖는다, 질책한다, 잔소리한다, 나무란다 (= rimproverare)

le mie voglie ← la mia voglia : 나의 욕망, 희망, 기대

son(o) ← essere v.intr. : ~입니다 → 문법*직설법현재(N. 1)

tropp' ← troppo avv. : 너무, 지나치게

ambiziose ← ambizioso agg. : 야심 많은

바로 이해하며 노래부르기

Rugiadose,　odorose,　violette graziose,
이슬 맺힌,　　향기로운,　어여쁜 오랑캐꽃들,

rugiadose,　odorose,　violette graziose,
이슬 맺힌,　　향기로운,　어여쁜 오랑캐꽃들,

violette graziose! /　Voi vi state vergognose
어여쁜 오랑캐꽃들아!　너희들은 수줍은 듯 하구나

mezzo ascose, mezzo ascose fra le foglie　e sgridate le mie voglie
반쯤 숨긴 채, 반쯤 숨긴 채　잎 사이로　그리고 꾸짖는구나 나의 욕망을

che son tropp'ambiziose,　e　sgridate
너무도 야심에 찬,　　　또　꾸짖는구나

le mie voglie   che son troppo,   son tropp'ambiziose. /
나의 욕망을   너무도,   너무도 야심에 찬.

Rugiadose,   odorose,   violette,   violette graziose,
이슬 맺힌,   향기로운,   오랑캐꽃들, 어여쁜 오랑캐꽃들,

rugiadose,   odorose,   violette,   violette graziose,
이슬 맺힌,   향기로운,   오랑캐꽃들, 어여쁜 오랑캐꽃들,

violette graziose! /   Voi vi state vergognose
어여쁜 오랑캐꽃들!   너희들은 수줍은 듯 하구나

mezzo ascose   fra le foglie, e   sgridate   le mie voglie,
반쯤 숨긴 채   잎 사이로   그리고 꾸짖는구나   나의 욕망을,

che son tropp'ambiziose, e   sgridate   le mie voglie
너무도 야심에 찬,   또   꾸짖는구나   나의 욕망을

che son troppo,   son tropp'ambiziose. /
너무도,   너무도 야심에 찬.

Rugiadose,   odorose,   violette,   violette graziose,
이슬 맺힌,   향기로운,   오랑캐꽃들, 어여쁜 오랑캐꽃들,

rugiadose,   odorose violette,   violette graziose,
이슬 맺힌,   향기로운 오랑캐꽃들,   어여쁜 오랑캐꽃들,

violette,   violette,   graziose. /
오랑캐꽃들, 오랑캐꽃들, 어여쁜.

노래 해설

(1) Voi vi state vergognose mezzo ascose, mezzo ascose fra le foglie

   * vi state는 재귀동사 starsi의 복수2인칭형. '留하다'

LE VIOLETTE

* vi state vergognose는 '(너희들) 수줍어하는구나'. 주어 violette (여성복수)와 어미 일치되어 vergognose.
* mezzo ascose에서 ascose는 ascondere (숨기다)의 과거분사형. 주어 violette (여성복수)와 어미 일치되어 ascose.

(2) sgridate le mie voglie che son tropp'ambiziose,
* le mie voglie에서 소유형용사 mie의 어미는 명사 voglie (여성복수)와 일치.
* son은 sono의 축약형으로서 원형은 essere. 주어는 le mie voglie.
* tropp'ambiziose는 troppo ambiziose의 결합형. 부사 troppo는 어미 일치 없다.

회화 한마디

 DIALOGO N. 11
PARLARE DI LAVORO (일에 대해 말하기)

A: Lunedì vengo al lavoro più tardi.
월요일에 회사에 좀 늦게 올께.

B: Perché, Paul?
왜, 뽈?

A: Perché domenica viene mia madre dalla Francia e faccio una grande festa.
왜냐하면 일요일에 프랑스에서 나의 어머니가 오시는데 큰 파티를 해.

B: Come si chiama tua madre?
너희 어머니 성함이 뭔데?

A: Si chiama Claude.
끌라우데.

B: E cosa fa in Francia?
그런데 프랑스에서는 뭘 하셔?

A: La casalinga.
주부야.

 DIALOGO N. 12
PARLARE DI LAVORO (일에 대해 말하기)

A: Domani non vengo al lavoro. Torno giovedì prossimo.
내일 난 회사에 안나오고, 다음주 목요일에 와요.

B: Perché, signor Cordioli? Va via?
왜요 꼬르디올리씨? 멀리 가십니까?

A: No, è il giorno libero di mia moglie e arrivano i nostri amici dalla Romania.
아니에요. 내 처가 쉬는 날이고 루마니아에서 우리 친구들이 와요.

B: Sono qui in vacanza o per lavoro?
그들은 여기에 휴가로 오나요 아니면 일 때문에 오나요?

A: Sono in Italia in ferie per tutto il mese di luglio.
휴가를 즐기기 위해 7월 내내 이탈리아에 있을 거에요.

B: Che lavoro fanno?
그들은 어떤 일을 하나요?

A: Sono impiegati tutti e due.
둘 다 모두 회사원입니다.

7. ALMA DEL CORE

마음의 靈魂

Antonio Caldara (1670-1736)

ALMA DEL CORE

ALMA DEL COREE

ALMA DEL CORE

노래가사

Alma del core, spirto dell'alma!
Alma del core, spirto dell'alma, sempre
costante t'adorerò, t'adorerò,
t'adorerò, t'adorerò, t'adorerò!
Alma del core, spirto
dell'alma, sempre costante t'adorerò,
(1) sempre costante t'adorerò!

(2) Sarò contento nel mio tormento,
se quel bel labbro baciar potrò,
se quel bel labbro, se quel bel labbro baciar potrò.
Alma del core, spirto dell'alma,
sempre costante t'adorerò, t'adorerò,
t'adorerò, t'adorerò,
t'adorerò! Alma del core, spirto dell'alma,
sempre costante t'adorerò,
sempre costante t'adorerò.

어휘 및 문법

alma s.f. : 魂, 靈魂, 精神
del : di + il → 文法*전치사관사(N. 24)
core ← cuore s.m. : 마음

ALMA DEL COREE

spirto s.m. : 精神

dell' : di + l'

sempre avv. : 항상, 늘

costante agg. : 일정한, 확고한, 신념이 굳은, 지속적인, 불변의

t' = ti : 너를

adorerò ← adorare v.tr. : (난) ~를 사랑하리라 → 文法*미래(N. 16)

sarò ← essere v.intr. : (난) ~일 것이다 → 文法*미래(N. 16)

contento agg. : 흡족한, 만족스런

nel : in + il → 文法*전치사관사(N. 24)

mio : 나의 → 文法*소유형용사(N. 4)

tormento s.m. : 고통, 괴로움

se : (英) if

quel : 그 → 文法*지시형용사/지시대명사(N. 25)

bel ← bello agg. : 아름다운

labbro s.m. : 입술

baciar(e) v.tr. : 입맞추다

potrò ← potere : (내가) ~를 할 수 있으리라

바로 이해하며 노래부르기

Alma del core,　spirto dell'alma! /
마음의 영혼,　　　영혼의 정신이여!

Alma del core,　spirto dell' alma,　sempre
마음의 영혼,　　　영혼의 정신,　　　항상

costante t'adorerò, t'adorerò,
변함없이 널 사랑하리, 널 사랑하리,

t'adorerò, t'adorerò, t'adorerò! /
널 사랑하리, 널 사랑하리, 널 사랑하리!

Alma del core, spirto dell'alma,
마음의 영혼, 영혼의 정신,

sempre costante t'adorerò,
항상 변함없이 널 사랑하리,

sempre costante t'adorerò! /
항상 변함없이 널 사랑하리!

Sarò contento nel mio tormento,
난 만족하리라 고통 속에서도,

se quel bel labbro baciar potrò,
만약 그 예쁜 입술을 내가 입맞출 수 있을 거라면,

se quel bel labbro, se quel bel labbro baciar potrò. /
만약 그 예쁜 입술을 만약 그 예쁜 입술에 입맞출 수 있을 거라면.

Alma del core, spirto dell'alma,
마음의 영혼, 영혼의 정신,

sempre costante t'adorerò, t'adorerò,
항상 변함없이 널 사랑하리, 널 사랑하리,

t'adorerò, t'adorerò,
널 사랑하리, 널 사랑하리,

t'adorerò! / Alma del core, spirto dell'alma,
널 사랑하리라! 마음의 영혼, 영혼의 정신,

ALMA DEL CORE

sempre costante t'adorerò,
항상   변함없이 널 사랑하리,

sempre costante t'adorerò. /
항상   변함없이 널 사랑하리라.

노래 해설

(1) sempre costante t'adorerò!
 * t'adorerò sempre costante!의 도치형.

(2) Sarò contento nel mio tormento, se quel bel labbro baciar potrò.
 * sarò는 동사 essere의 미래1인칭단수형. io sarò, tu sarai, lui sarà, noi saremo, voi sarete, loro saranno

회화 한마디

DIALOGO N. 13
PARLARE DI LAVORO (일에 대해 말하기)

A: Oggi non faccio niente. Sono in ferie.
 오늘 난 아무 것도 안 해. 휴가거든.

B: Ma non fai nemmeno la spesa?
 그럼 넌 쇼핑조차도 안 하니?

A: Perché non la fai tu?
 니가 쇼핑을 해주지 그러니?

B: Io lavoro! Non ho tempo.

난 일해! 시간 없어.

A: Non fai mai niente quando sei a casa.
　　　넌 집에 있을 땐 아무 것도 안 하는구나.

B: Non è vero! Io lavoro molto a casa e in ufficio.
　　　그렇지 않아! 난 집에서나 회사에서나 열심히 일해.

DIALOGO N. 14
PARLARE DI LAVORO (일에 대해 말하기)

A: John non arriva mai puntuale al lavoro.
　　　존은 회사에 시간 맞춰 오는 적이 없어.

B: Sì, ma viene da lontano. Viene con il treno.
　　　그래. 그런데 멀리서 오잖아. 기차 타고 와.

A: Non è vero! Ha l'automobile.
　　　그렇지 않아! 그는 차가 있어.

A: Allora non dice la verità.
　　　그렇다면 거짓말을 한다는 거구나.

B: Io invece non sono mai in ritardo.
　　　반면에 난 한번도 지각해 본 적이 없어.

A: Nemmeno io.
　　　나도 마찬가지야.

8. IL MIO BEN QUANDO VERRÀ

내 님은 언제 오려나
Giovanni Paisiello (1740-1816)

IL MIO BEN QUANDO VERRA'

IL MIO BEN QUANDO VERRÀ

〈중략〉

IL MIO BEN QUANDO VERRA'

노래가사

(1) Il mio ben quando verrà
a veder la mesta amica?
(2) Di bei fior s'ammanterà
la spiaggia, la spiaggia aprica.
Ma nol vedo,
ma nol vedo,
e il mio ben, ahimè! non vien?
e il mio ben, ahimè! non vien?
e il mio ben, ahimè! non vien?
Mentre all'aure spiegherà
la sua fiamma, i suoi lamenti,
miti augei, v'insegnerà
dolci, più dolci accenti.
Ma non l'odo.
E chi l'udì?
Ah! il mio bene ammutolì.
Ah! ammutolì.
(3) Tu cui stanca omai già f'e
il mio pianto, eco pietosa,
ei ritorna e dolce a te
chiede, chiede la sposa.
Pian, mi chiama;
piano, ahimè! piano,
ahimè! no, non mi chiama, oh Dio, oh

Dio, non c'è.

어휘 및 문법

ben(e) s.m. : 님, 善, 幸福

quando : (英) when → 文法*의문사(N. 3)

verrà ← venire v.intr. : (님이) 올것이다

a : (英) to

veder(e) v.tr. : 보다

mesta ← mesto agg. : 가련한, 비통한, 비참한, 외로운 (= malinconico)

amica s.f. : 여자친구

fior(i) ← fiore s.m. : 꽃들

s'ammanterà ← ammantarsi v.rifl. : 뒤덮일 것이다

la spiaggia s.f. : 해변

aprica ← aprico agg. : 밝은, 양지바른

ma : (英) but

nol = non : (英) not

vedo ← vedere v.tr. : (난) ~를 본다

ahimè : (비애, 고통, 불안을 표현할 때) 아!

vien(e) ← venire v.intr. : (그가) 온다

mentre ~ : ~ 하는 동안

all' : alle = a + le

aure ← aura s.f. : 미풍들, 산들바람들

spiegherà ← spiegare v.tr. : 설명(해설)하리

sua ← suo agg. : 그의, 그녀의 → 文法*소유형용사(N. 4)

IL MIO BEN QUANDO VERRÀ

fiamma s.f. : 戀人, 愛人, 情熱

lamenti ← lamento s.m. : 슬픔, 비탄, 한탄, 애도

miti ← mite agg. : 온건한, 유화한 (↔ violento)

augei = augelli ← augello s.m. : 작은 새들

v' = vi : 너희들에게 → 文法*간접대명사(N. 30)

insegnerà ← insegnare v.tr. : 가르칠 것이다

dolci ← dolce agg : 달콤한

più : (英) more

accenti ← accento s.m. : 어조, 口調, 액센트

l'odo = lo udo ← udire v.tr. : 그걸 (난) 듣네

chi : 누가

udì ← udire v.tr. : 들었다 → 文法*원과거(N. 42)

ammutolì ← ammutolire v. intr. : 침묵했다 → 文法*원과거

stanca ← stancare v.tr. : 피곤케 한다, 의기를 저하시킨다, 괴롭힌다

omai = ormai avv. : 이미, 이제야

già avv. : 벌써

fè = fede s.f. : 신뢰, 믿음

pianto s.m. : 눈물, 비탄

eco s.f. : 反響, 산울림, 메아리

pietosa ← pietoso agg. : 자비로운

ei : 그것은 (3인칭단수, 남성형 인칭대명사)

ritorna ← ritornare v.intr. : 돌아온다

a te : 너에게

chiede ← chiedere v.tr. : 묻는다

sposa s.f. : 신부, 색시

pian(o) avv. : 아스라이, 천천히

chiama ← chiamare v.tr. : 부른다
c'è = ci è ~ : ~가 있다

바로 이해하며 노래부르기

Il mio ben   quando verrà
내 님은   언제 오려나

a veder   la mesta amica? /
보러   가련한 여자 친구를?

Di bei fior   s'ammanterà
아름다운 꽃들로   뒤덮이리라

la spiaggia,   la spiaggia aprica. /
해변이,   양지바른 해변이.

Ma   nol vedo,
그러나   난 못 보네,

ma nol vedo,
난 못 봐,

e   il mio ben, ahimè! non vien?
그런데   내 님은,   아!   안 오시나?

e   il mio ben, ahimè! non vien?
그런데   내 님은,   아!   안 오시나?

e   il mio ben, ahimè! non vien? /
그런데   내 님은,   아!   안 오시나?

Mentre   all'aure   spiegherà
동안   산들바람에게   설명할

IL MIO BEN QUANDO VERRA'

la sua fiamma,　i suoi lamenti,
그의 정열을,　　　　그의 슬픔을

miti augei,　　　　v' insegnerà
얌전한 작은 새들을　너희들에게 가르치리라

dolci,　　più dolci accenti. /
감미롭고도,　더욱 감미로운 어조를.

Ma　　non l'odo. /
그러나　난 그걸 못 듣네.

E　　chi　l'udì? /
그런데 누가　그걸 들었는가?

Ah! il mio bene ammutolì. /
아!　내 님은　　침묵했네.

Ah! ammutolì. /
아!　침묵했네.

Tu cui　stanca　　omai già f'e
너　너에게 저하시키는구나 지금　이미　믿음을

il mio pianto, / eco pietosa,
내 눈물은,　　자비로운 산울림,

ei　ritorna　e　　dolce a te
그것은 돌아오네 그리고　감미롭게 네게

chiede,　chiede　la sposa. /
요구하네,　요구하네　신부를.

Pian,　mi chiama;
아스라이, 날 부르네.

piano,　ahimè! piano,
들리는 듯,　아!　들리는 듯,

ahimè!　no,　　non mi chiama,　　oh Dio,　oh
아!　　아니야,　 날 부르질 않네,　 오 주여,　 오

Dio,　non c'è.
주여,　없나이다.

노래 해설

(1) Il mio ben quando verrà a veder la mesta amica?
  * quando il mio ben verrà a veder(e) la mesta amica?의 도치형
  * verrà a + 동사원형 : ~하러 올 것이다

(2) Di bei fior s'ammanterà la spiaggia, la spiaggia aprica.
  * 주어는 la spiaggia aprica
  * s'ammanterà는 재귀동사 ammantarsi의 미래3인칭단수형 → 文法*
    재귀동사(N. 35)

(3) Tu cui stanca omai già f'e il mio pianto,
  * cui = a cui는 '너에게'
  * 주어는 il mio pianto

회화 한마디

DIALOGO N. 15
CERCARE LAVORO (구직)

A:　Vieni con me all'Ufficio Collocamento?
　　나랑 취업소개소에 같이 갈래?

B: No, non posso. Devo andare al lavoro proprio adesso.
안돼, 그럴 수 없어. 바로 지금 회사에 가야 하거든.

A: Mi accompagni domani?
내일 데려가 주겠니?

B: Non puoi andare da solo?
너 혼자 갈 수 없어?

A: Non voglio andare da solo. Mi devi aiutare a compilare i moduli.
혼자 가고 싶지 않아. 서류 작성하는 걸 네가 도와줘야 하잖아.

B: Va bene, vengo domani. Ma devi imparare!
좋아, 그럼, 내일 갈게. 그런데 넌 (서류 작성하는 것을) 배워야 한다!

DIALOGO N. 16
CERCARE LAVORO (구직)

A: Buonasera. Sono qui per un lavoro.
안녕하세요. 일자리 구하러 여기 왔습니다.

B: Ha una qualifica?
자격증 있으신가요?

A: Sì, sono un saldatore specializzato.
네, 전문 용접공입니다.

B: Bene, posso assumerla con i nuovi contratti sindacali.
좋습니다. 개정된 노동계약으로 당신을 채용할 수 있습니다.

A: Quando devo venire?
언제 와야 하지요?

B: Lunedì prossimo, alle otto. Mi raccomando la puntualità.
다음 주 월요일 8시입니다. 시간 좀 꼭 지켜주세요. 부탁입니다.

9. NEL COR PIU' NON MI SENTO

마음속엔 더 이상 느껴지질 않네
Giovanni Paisiello (1740-1816)

NEL COR PIU' NON MI SENTO

노래가사

(1) <u>Nel cor più non mi sento brillar la gioventù</u>;
cagion del mio tormento,
amor, sei colpa tu. Mi pizzichi, mi stuzzichi,
mi pungichi, mi mastichi; che cosa è questo ahimè?
pietà, pietà, pietà! (2) <u>amore è un certo che, che
disperar mi fa</u>!

어휘 및 문법

nel = in + il : ~ 속에

cor ← cuore s.m. : 마음

più : (英) more

non : (英) not

mi sento ← sentirsi v.rifl. : (난) 느낀다

brillar(e) v.intr. : 빛나다, 번쩍이다

gioventù s.f. : 젊음, 청춘

cagion(e) s.f. : 원인 (= motivo)

tormento s.m. : 고통

amor(e) s.m. : 사랑

sei ← essere v.intr. : (너는) ~이다

colpa s.f. : 잘못, 탓

pizzichi ← pizzicare v.tr. : (너는) 찌른다, 자극한다

stuzzichi ← stuzzicare v.tr. : (너는) 찌른다, 쑤신다, 초조하게 한다, 대타게 한다

NEL COR PIU' NON MI SENTO

pungichi ← pungire v.tr. : (너는) 찌른다, 쑤신다, 자극한다

mastichi ← masticare v.tr. : (너는) 씹는다

che cosa : 무엇

questo : (英) this → 文法*지시대명사/지시형용사(N. 25)

ahimè : (비애, 고통, 불안을 표현할 때) 아!

pietà s.f. : 慈悲

certo s.m. : 확실함

disperarmi = disperar(e) v.tr. (절망시키다) + mi (나를)

fa ← fare v.tr. : ~하게 한다

바로 이해하며 노래부르기

Nel cor   più   non mi sento   brillar la gioventù; /
마음속엔   더 이상   느껴지질 않네 빛나는 청춘이.

cagion del mio tormento,
내 고통의 원인은,

amor,   sei colpa tu. /   Mi pizzichi,   mi stuzzichi,
사랑이라오, 그대가 잘못이라네. (넌) 날 자극하고,   날 애타게 하고,

mi pungichi, mi mastichi; /   che cosa è questo ahimè? /
날 들쑤시고,   날 씹어버리는구나.   뭔가   이건   도대체?

pietà, pietà, pietà! / amore   è un certo che, che
오, 자비를 베푸오!   사랑이네   분명

disperar mi fa! /
날 절망케 하는 것은!

노래 해설

(1) Nel cor più non mi sento brillar la gioventù;
  * Nel cor non mi sento più la gioventù brillar(e)의 도치형.
  * 동사 brillare가 명사 gioventù를 형용사처럼 수식하고 있다.

(2) amore è un certo che, che disperar mi fa!
  * 관계절 che 이하가 un certo에 걸린다.
  * disperar mi fa는 mi fa disperar(e)의 도치형으로서 fa는 사역의 의미를 지닌다.

회화 한마디

DIALOGO N. 17
CERCARE LAVORO (구직)

A: Buongiorno. Cosa desidera?
안녕하세요. 뭘 도와 드릴까요?

B: Lei cerca un impiegato, non è vero?
직원을 구하고 계시죠, 그렇지 않은가요?

A: Sì, è vero. Lei vuole fare questo lavoro?
네, 맞습니다. 이 일을 하고 싶은가요?

B: Sì. Ho il diploma di ragioniere.
네. 저는 회계사 자격증을 갖고 있습니다.

A: Ha esperienza in questo campo?
이 분야에 경험은 있나요?

B: No, ma ho molta buona volontà.

아닙니다만, 열심히 해 보겠습니다.

DIALOGO N. 18
CERCARE LAVORO (구직)

A: Ciao, Adam. Devi fare il libretto di lavoro?
안녕, 아담. 노동자 수첩 만들어야 하니?

B: Sì. Dalla settimana prossima lavoro al bar di via Mameli.
응. 다음 주부터 마멜리 가에 있는 빠에서 일해.

A: Davvero? Come è lo stipendio?
정말? 보수는 어떤데?

B: Buono. Ma devo fare i turni:
una settimana di mattina e una settimana di pomeriggio.
좋아. 그런데 교대근무를 해야해.
일주일은 오전, 일주일은 오후.

A: Auguri allora, e buona fortuna!
아무튼 축하해. 행운이 있기를 바래!

B: Anche a te.
너도 행운이 있기를 바란다.

10. O DEL MIO DOLCE ARDOR

오, 달콤한 내 사랑

Christoph Willibald Gluck (1714-1787)

O DEL MIO DOLCE ARDOR

O DEL MIO DOLCE ARDOR

O DEL MIO DOLCE ARDOR

노래 가사

O del mio dolce ardor
bramato oggetto, bramato
oggetto, l'aura che tu respiri,
alfin respiro,
alfin respiro.
(1) <u>Ovunque il guardo io giro, le tue
vaghe sembianze amore in me dipinge</u>: Il mio pensier si finge
le più liete speranze;
E nel desio (2) <u>che così m'empie il petto</u>
Cerco te, chiamo te,
spero e sospiro. Ah!
O del mio dolce ardor bramato oggetto,
bramato oggetto, l'aura che tu
respiri, alfin
respiro, alfin
alfin respiro.

어휘 및 문법

ardor(e) s.m. : 熱情

bramato p.p./agg. ← bramare v.tr. : 열망한

oggetto s.m. : 對象

aura s.f. : 微風, 산들바람

respiri ← respirare v.tr./intr. : (네가) 호흡한다

alfin(e) avv. : 최후에, 결국에, 드디어 (= infine)

ovunque avv. : 어디든지

guardo s.m. : 視線, 凝視

giro ← girare v.tr. : (나는) 돌린다, 회전시킨다

vaghe ← vago agg. : 우아한

sembianze ← sembianza s.f. : 얼굴

in me : 내 마음속에

dipinge ← dipingere v.tr. : (너의 우아한 얼굴이) ~를 그린다

pensier(o) s.m. : 생각, 감상

si finge ← fingersi v.rifl. : ~인체 한다, 묘사된다

liete ← lieto agg. : 기쁜

speranze ← speranza s.f. : 희망들

desio = desiderio s.m. : 열망, 갈망

così avv. : 그처럼

m' = mi : 나의 (가슴에)

empie ← empire v.tr. : 가득 채운다

petto s.m. : 가슴

cerco ← cercare v.tr. : (난) 찾는다

te : 너를

chiamo ← chiamare v.tr. : (난) 부른다

spero ← sperare v.tr. : (난) 희망한다

sospiro ← sospirare v.intr. : (난) 한숨짓는다

바로 이해하며 노래부르기

O   del mio dolce ardor
오   달콤한 내 사랑

bramato   oggetto,   bramato
열망하고픈   대상이여, 열망하고픈

oggetto,   l' aura   che tu respiri,
대상이여,   산들바람을   그대가 호흡하는,

alfin   respiro,
결국   나도 호흡하리라,

alfin   respiro. /
결국   나도 호흡하리라.

Ovunque   il guardo   io giro,   le tue
어디로든   시선을   내가 돌려도,   그대의

vaghe sembianze   amore   in me   dipinge: / Il mio pensier si finge
우아한 얼굴을   사랑은   내 맘속에   그리네.   내 생각이 묘사되는구나

le più liete speranze; /
가장 기쁜 희망들로.

E   nel desio   che così m'empie il petto
그리고 열망 속에서   그토록 내 가슴을 채우는

cerco te,   chiamo te,
난 너를 찾고,   너를 부른다네,

spero e sospiro. /   Ah!
기대하면서 한숨도 짓는다네. 아!

O   del mio dolce ardor,   bramato   oggetto,
오 달콤한 내 사랑,   열망하고픈 대상이여,

O DEL MIO DOLCE ARDOR

bramato   oggetto, /   l'aura   che tu
열망하고픈   대상이여,   산들바람을   그대가

respiri,   alfin
호흡하는,   결국

respiro,   alfin
나도 호흡하리,   결국

alfin   respiro. /
결국   나도 호흡하리라.

노래 해설

(1) Ovunque il guardo io giro, le tue vaghe sembianze amore in me dipinge.

   * Ovunque io giro il guardo, amore dipinge le tue vaghe sembianze in me의 도치형으로서 주절의 주어는 amore라는 것을 알 수 있다.

(2) che così m'empie il petto

   * mi empie il petto에서 mi는 물론 간접목적어(나에게)로 사용되었으나 신체의 일부인 il petto (가슴)와 함께 등장하면서 '나의', 마치 소유형용사 역할을 하고 있다.

회화 한마디

DIALOGO N. 19
PRENOTARE UNA VISITA (방문 예약)

A: Buongiorno.

안녕하세요.

B: Buongiorno. Prego?

안녕하세요. 뭘 도와드릴까요?

A: Ho prenotato una visita oculistica per il 20 maggio, ma quel giorno ho un impegno.

Posso spostare l'appuntamento?

저는 5월 20일에 안과 진료를 받겠다고 예약을 했습니다만 그 날 좀 바빠서요.

약속을 옮길 수 있을까요?

B: Vediamo ... ha telefonato ieri per prenotare?

봅시다... 당신은 어제 예약 전화를 하셨군요?

A: Sì, ha telefonato una mia amica.

네, 제 여자 친구가 전화했습니다.

B: Purtroppo c'è un posto disponibile solo tra un mese, il 15 giugno.

안됐군요. 한달 후인 6월 15일에나 되겠는데요.

A: Prima non è possibile?

그 이전엔 불가능한가요?

B: Mi dispiace, ma fino al 15 giugno è tutto occupato.

죄송합니다만 6월 15일까지 모두 예약되어 있습니다.

A: Allora faccio il possibile per venire il 20 maggio.

Quali documenti servono?
그럼 가능한한 5월 20일에 오도록 하겠습니다.
어떤 서류들이 필요한가요?

B: Il libretto sanitario e la prescrizione del suo medico di base.
의료보험카드와 당신 주치의의 처방을 가져오시면 됩니다.

11. SPIAGGE AMATE

사랑스런 海邊
Christoph Gluck (1714-1787)

SPIAGGE AMATE

SPIAGGE AMATE

SPIAGGE AMATE

노래가사

Spiagge amate,
ove talora l'idol mio
lieto (1) s'aggira, ruscelletti,
ove (2) si mira, quando
infiora il crine o il sen, chiari
fonti ove (3) si bagna, erbe,
(4) in cui posa le piante,
voi pietose a un core amante
dite voi, che fa il mio ben,
dite, dite
voi, che fa il mio ben?
chiari fonti, rusceletti spiagge amate,
ove si bagna, ove si mira, ove s'aggira,
dite, dite, voi, che
fa il mio ben?

어휘 및 문법

spiagge ← spiaggia s.f. : 해변들
amate p.p./agg ← amare v.tr. : 사랑스런
(d)ove : (英) where → 文法*의문사(N. 3)
talora avv. : 때때로, 이따금 (= talvolta)
idol(o) s.m. : 님, 우상

SPIAGGE AMATE

lieto agg. : 기쁜

s'aggira ← aggirarsi v.rifl. : (그는) 돌아다닌다, 산책한다

ruscelletti ← ruscelletto s.m. : 시냇물들

si mira ← mirarsi v.rifl. : (님이) 자신의 모습을 비추어 보인다

quando : (英) when

infiora ← infiorare v.tr. : (님이) ~를 아름답게 치장한다

crine s.m. : 머리(카락)

sen(o) s.m. : 가슴, 흉부

chiari ← chiaro agg. : 맑은

fonti ← fonte s.m. : 샘물들

si bagna ← bagnarsi v.rifl. : 적신다

erbe ← erba s.f. : 풀들

in cui : 그 곳에서

posa ← posare v.tr./intr. : ~가 위치한다, 놓인다

piante ← pianta s.f. : 식물들

pietose ← pietoso agg. : 동정하는

amante agg. : 사랑하는

dite ← dire v.tr. : (너희들) 말해주오!

che : 무엇을

fa ← fare v.tr. : ~를 한다

바로 이해하며 노래부르기

Spiagge amate,
사랑스런 해변들,

ove　　talora　l'idol mio
거기서　때때로　내 님은

lieto　s'aggira, / ruscelletti,
즐겁게　산책한다네, 시냇물들,

ove　　si mira,
거기서 자신을 비쳐 보인다네,

quando infiora　il crine o il sen, / chiari
치장할 때　　　머리나 가슴을,　맑은

fonti　ove　　si bagna. /　erbe,
샘물들 거기서　몸을 적신다네. 풀들,

in cui　　posa le piante, /
그 속에서　식물들이 자라는구나,

voi pietose　　　a un core amante
동정심 많은 그대들이여　사랑하는 마음으로

dite voi, che fa　il mio ben,
말해다오, 뭘 하는지　내 님은,

dite, dite
말해, 말해다오

voi,　　che fa　　il mio ben? /
애들아, 뭘 하고 있니　　내 님은?

chiari fonti, rusceletti, spiagge amate,
맑은 샘물들,　시냇물들,　사랑스런 해변들,

ove　si bagna,　　ove　si mira,　　　ove s'aggira,
거기서 몸을 적시고, 거기서 자신을 비쳐 보이고, 거기서 산책하는구나,

dite, dite, voi, che
말해, 말해다오, 애들아, 뭘

SPIAGGE AMATE

fa   il mio ben? /
하고 있니   내 님은?

노래 해설

(1) s'aggira
   * si aggira의 축약형으로 재귀동사 aggirarsi의 현재3인칭단수형.
   * si를 재귀대명사라 부르는데, 영어의 himself, herself라 보면 된다. 쉽게 말해 재귀형태의 문장은 주어와 목적어가 동일한 경우라고 보자. io mi aggiro, tu ti aggiri, lui si aggira, noi ci aggiriamo, voi vi aggirate, loro si aggirano

(2) si mira
   * 재귀동사 mirarsi의 현재3인칭단수형. → 文法*재귀동사(N. 35)

(3) si bagna
   * 재귀동사 bagnarsi의 현재3인칭단수형.

(4) in cui
   * cui를 관계대명사라 하는데, 여기서는 선행사가 erbe이므로 in cui의 의미는 '풀들 속에서'

회화 한마디

DIALOGO N. 20
I SINTOMI DI UNA MALATTIA (질병의 증후들)

A: Ciao Fatima, come va la tua schiena?
   안녕 파티마. 등은 좀 어떠니?

B: Mi fa sempre male.
   늘 아파.
A: Sei andata dal dottore?
   병원에 갔었어?
B: Non ancora.
   아직 안 갔어.
A: Come mai?
   어쩐 일로?
B: Non ho avuto tempo perché la settimana scorsa è arrivato mio fratello dal Marocco.
   지난주에 모로코에서 형이 왔기 때문에 시간이 없었어.
A: Prendi almeno qualche medicina?
   약은 좀 먹고 있니?
B: Sì, sono andata in farmacia e ho comprato delle compresse.
   응, 약국에 가서 알약 몇개 샀어.
A: Va bene, ma devi farti visitare dal dottore e seguire una cura adeguata.
   좋아. 그런데 병원에 가서 진찰 받고 적절한 치료를 받아야 한다.

12. CARO MIO BEN

어여쁜 내 사랑

Giuseppe Giordani (1753-1798)

CARO MIO BEN

노래가사

Caro mio ben, (1) <u>credimi</u> almen, (2) <u>senza di te</u> languisce il cor, caro mio ben, senza di te languisce il cor. Il tuo fedel sospira ognor.
Cessa, crudel, tanto rigor! Cessa, crudel, tanto rigor, tanto rigor! Caro mio ben, credimi almen, senza di te languisce il cor. Caro mio ben, credimi almen, senza di te languisce il cor.

어휘 및 문법

caro agg. : 사랑스런
ben(e) s.m. : 사랑, 愛
credimi = credi (credere v.tr.) + mi : 나를 믿으오! → 文法*명령형(N. 18)
almen(o) avv. : 적어도
senza di te : 그대 없이는
languisce ← languire v.intr. : 약해진다, 쇠약해진다
cor ← cuore s.m. : 마음
fedel(e) s.m. : 충실한 사람, 정결한 자
sospira ← sospirare v.intr. : 한숨짓는다
ognor(a) avv. : 항상 (= sempre)
cessa ← cessare v.tr. : 중지하오, 그만하오, 거둬주오! → 文法*명령형(N. 18)
crudel(e) agg./s.m. : 잔인한/ 잔인한 자
tanto avv. : 그토록

rigor(e) s.m. : 엄격함, 냉정함

바로 이해하며 노래부르기

Caro mio ben, credimi almen, senza di te languisce
오 내 사랑, 날 믿으오 적어도, 당신 없이는 약해진다오

il cor, / caro mio ben, senza di te languisce
내 맘이, 오 내 사랑, 당신 없이는 약해진다오

il cor. / Il tuo fedel sospira ognor. /
내 맘이. 그대의 성실한 나 한숨짓네 늘.

Cessa, crudel, tanto rigor! / Cessa, crudel, tanto rigor,
그만하오, 잔인한 그대, 그토록 냉정하다니! 그만하오, 잔인한 그대, 냉정한,

tanto rigor! / Caro mio ben, credimi almen, senza di te
그토록 냉정하다니! 오 내 사랑, 날 믿으오 적어도, 당신 없이는

languisce il cor. / Caro mio ben, credimi almen, senza di te
약해진다오 내 맘이. 오 내 사랑, 날 믿어주오 적어도, 당신 없이는

languisce il cor. /
약해진다오 내 맘이.

노래 해설

(1) credimi

　　* credimi에서 credi는 credere의 tu에 대한 명령형이고 mi는 직접목적

어이다. → 文法*명령형(N. 18)
(2) senza di te
　　* senza + 명사, 동사원형: ~없이, ~함이 없이.
　　* senza + di + 직접보어강세형(me, te, lui, lei, noi, voi, loro): 누구누구 없이.

회화 한마디

DIALOGO N. 21
IN FARMACIA (약국에서)

A: Vorrei un antibiotico per mio marito. Ha febbre e mal di gola.
제 남편이 먹을 항생제 주세요. 열이 나고 목이 아파요.

B: Ha la ricetta del medico?
의사 처방전 갖고 계신가요?

A: No. Non posso comprarlo ugualmente?
없는데요. 그것 없이 약을 살 수 없나요?

B: No signora, mi dispiace.
Per acquistare un antibiotico è necessaria la ricetta scritta da un medico.
죄송하지만 안 됩니다. 부인
항생제를 사시려면 의사 처방전이 필요합니다.

A: Che cosa posso fare?
제가 할 수 있는 것은 뭐죠?

B: Lei ha la tessera sanitaria?
의료보험증 갖고 계십니까?

A: Sì.
  네.

B: Allora deve andare dal suo medico di base e chiedere la prescrizione.
  그럼 당신 주치의에게 가서서 처방전을 요구하셔야 합니다.

A: Se ho la ricetta pago l'antibiotico?
  만약 처방전을 갖고 있다면 항생제 값을 다 내야 하나요?

B: Lei paga solo il ticket, cioè una piccola cifra e non il prezzo intero della medicina.
  당신은 약값 전액이 아닌 보험이 적용된 액수만 지불하시면 됩니다.

13. LUNGI DAL CARO BENE

내 님에게서 멀리 떠나서는
Giuseppe Sarti (1729-1802)

LUNGI DAL CARO BENE

LUNGI DAL CARO BENE

LUNGI DAL CARO BENE

LUNGI DAL CARO BENE

노래가사

(1) <u>Lungi dal caro bene vivere non poss'io</u>
sono in un mar di pene.
Lungi dal caro bene sento,
(2) <u>sento mancarmi il cor</u>.
Un dolce estremo sonno, se lei mirar non ponno,
mi chiuda, (3) <u>mi chiuda i lumi ancor</u>.
Ah! ... Lungi dal caro bene
vivere non poss'io sono in un mar di pene.
Lungi dal caro bene,
sento sento mancarmi il cor
sento mancarmi il cor,
sento mancarmi il cor.

어휘 및 문법

lungi avv. : 멀리 떠나
dal = da + il : ~로부터
bene s.m. : 님
vivere v.intr. : 살다
poss' = posso ← potere v.intr. : (난) ~할 수 있다
mar(e) s.m. : 바다
pene ← pena s.f. : 고뇌들
sento ← sentire v.tr. : (난) ~를 느낀다

mancarmi = mancare (v.intr. 부족하다) + mi (내게) : 내게 부족함을

dolce agg. : 달콤한

estremo agg. : 지극한

sonno s.m. : 잠

se : (英) if

mirar(e) v.tr. : 보다

ponno = possono ← potere v.intr. : (그들은) ~할 수 있다

mi : 나의

chiuda ← chiudere v.tr. : 감겨주오!

lumi ← lume s.m. : 눈(目)

ancor(a) avv. : 다시금

바로 이해하며 노래부르기

Lungi   dal caro bene   vivere non poss'io, /
멀리 떠나 내 님에게서   난 살 수 없어,

sono in un mar   di pene. /
난   바다에 있네   고통의.

Lungi   dal caro bene   sento,
멀리 떠나면 내 님에게서   난 느끼네,

sento   mancarmi   il cor. /
느끼네 허전해짐을 내 맘이.

Un dolce estremo sonno, se lei mirar non ponno,
지극히 감미로운 잠,   만약 그녀를 볼 수 없다면,

mi chiuda, mi chiuda i lumi   ancor. /
감겨주오,   감겨주오 내 눈을   다시금.

LUNGI DAL CARO BENE

Ah! ... Lungi   dal caro bene
아!... 멀리 떠나   내 님에게서

vivere non poss'io, / sono in un mar   di pene. /
난 살 수 없다오,   난 바다에 있다오   고통의.

Lungi   dal caro bene,
멀리 떠나면 내 님에게서,

sento   sento   mancarmi   il cor,
느끼네 느끼네 허전해짐을 내 맘이

sento   mancarmi   il cor,
느끼네 허전해짐을 내 맘이,

sento   mancarmi   il cor. /
느끼네 허전해짐을 내 마음이.

노래 해설

(1) Lungi dal caro bene vivere non poss'io

  * Io non posso vivere lungi dal caro bene의 도치형
  * potere, dovere + 동사원형
  * volere + 동사원형, 명사

(2) sento mancarmi il cor

  * 여기서 mi는 간접보어이나 il cor와 관계되어 소유형용사처럼 쓰였다.
  * 동사원형 mancar(e)는 목적어로 사용되었다.

(3) mi chiuda i lumi ancor

  * 여기서 mi도 i lumi (눈)과 관계되어 "나의 눈"이라는 의미를 지닌다.

회화 한마디

DIALOGO N. 22
AL PRONTO SOCCORSO (응급실에서)

A: Avanti il prossimo. A chi tocca?
다음 분 들어오세요. 누구 차례죠?

B: A me.
전데요.

A: Prego. Che cosa è successo?
어서오세요. 어쩐 일이신가요?

B: Sono caduto dalla scala.
계단에서 떨어졌습니다.

A: Le fa male in questo punto?
이 부분이 아파요?

B: Sì, molto.
네, 무척.

A: La sua caviglia è fratturata. Adesso le mettiamo il gesso.
복숭아 뼈가 골절됐습니다. 지금 깁스를 합시다.

B: Per quanto tempo devo portarlo?
얼마 동안 깁스를 해야 하나요?

A: Per venti giorni.
20일 동안입니다.

14. IL RIMPROVERO

꾸지람

Gioacchino Antonio Rossini (1792-1868)

IL RIMPROVERO

IL RIMPROVERO

> ### 노래가사

Mi lagnerò (1) <u>tacendo della mia
sorte amara</u>, ah! ma (2) <u>ch'io non t'ami,
o cara, non lo sperar da me</u>,
non lo sperar da me, no,
no, no, no da me.
Crudel, (3) <u>perché fin'ora
farmi penar così</u>? crudel,
crudel, ah! Mi lagnerò
tacendo della mia sorte amara,
ah! ma ch'io non t'ami, o cara,
non lo sperar da me,
non lo sperar da me, no no,
no, no da me, crudel, crudel,
crudel, non lo sperar no, no da me,
crudel, crudel, crudel,
non lo sperar no, no da me, no, no, no, no, no,
no da me, no, no, no, no, no, no da me, no.

> ### 어휘 및 문법

mi lagnerò ← lagnarsi s.rifl. : (난) 불평하리라, 원망하리라

tacendo ← tacere v.intr. : 입다물면서, 침묵하면서

sorte s.f.: 運命

IL RIMPROVERO

amara ← amaro agg. : 쓴, 쓰라린
ch'io = che io
t'ami = ti ami : (난) 널 사랑한다
lo : (내가 널 사랑한다는) 그 사실을 → 文法*직접목적어(N. 20)
sperar(e) v. tr. : 희망하다, 기대하다, 기원하다
crudel(e) agg./s.m. : 잔인한/ 잔인한 자
perché : 왜 → 文法*의문사(N. 3)
fin'ora : 지금까지
farmi = far(e) + mi : (나를, 나로 하여금) ~하게 하다
penar(e) v.intr. : 고통스러워하다
così : 그토록

바로 이해하며 노래부르기

Mi lagnerò   tacendo   della mia
난 원망하리라   침묵하면서   나의

sorte amara, /   ah!   ma   ch'io non t'ami,
쓰라린 운명에 대해, 아! 그러나 널 사랑하지 않는다고,

o cara,   non lo sperar   da me,
오 내 사랑, 생각하지 마오   나 때문에,

non lo sperar   da me,   no,
생각하지 마오   나 때문에, 안돼,

no,   no,   no da me. /
안돼, 안돼 나 때문에.

Crudel,   perché fin'ora
잔인하게,   왜   지금까지

farmi penar　　così?　　crudel,
날 괴롭게 하나요 그토록? 잔인해,

crudel,　ah! / Mi lagnerò
잔인해라, 아! 난 원망하리라

tacendo　della mia sorte amara, /
침묵하면서 나의 쓰라린 운명에 대해,

ah! ma　ch'io non t'ami,　o cara,
아! 그러나 널 사랑하지 않는다고, 오 내 사랑,

non lo sperar　da me,
생각하지 마오　나 때문에,

non lo sperar　da me,　no no,
생각하지 마오　나 때문에,　안돼,

no,　no da me,　crudel, crudel,
안돼, 안돼 나 때문에,　잔인해, 정말,

crudel,　non lo sperar no,　no da me,
잔인해, 생각하지 마오 안돼, 나 때문에는 안돼,

crudel, crudel, crudel,
너무 너무 잔인하오,

non lo sperar no,　no da me,　no, no, no, no, no,
생각하지 마오 안돼, 나 때문에는 안돼, 안돼, 정말, 안돼,

no da me,　　no, no, no, no, no, no da me, no. /
안돼 나 때문에는, 안돼, 안돼, 정말 안돼, 나 때문에는, 안돼.

IL RIMPROVERO

노래 해설

(1) tacendo della mia sorte amara,

　　＊ tacendo는 tacere의 동명사형으로서 여기서는 '~하면서' 의 의미 →
　　　文法＊동명사(-ARE: -ANDO / -ERE: -ENDO / -IRE : -ENDO N. 43).

(2) ch'io non t'ami, o cara, non lo sperar da me,

　　＊ lo는 ch'io non t'ami 문장 전체를 대신한다.

　　＊ da me는 '나로 인해, 나 때문에, 나의 집에 등등' 여러 형태로 이해할 수
　　　있으나 문맥의 흐름으로 볼 때 '나 때문에' 로 보는 것이 좋을 것이다.

(3) perché fin'ora farmi penar così?

　　＊ farmi penar = fare (사역 동사) + mi (나를) + penare (고통스러워하다)

회화 한마디

DIALOGO N. 23
ALL'AGENZIA IMMOBILIARE (부동산 사무실에서)

A: Buongiorno.

　　안녕하세요.

B: Buongiorno, prego.

　　안녕하세요, 어서 오세요.

A: Cerchiamo un appartamento nella zona di Borgo Venezia.

　　우리는 보르고 베네찌아 지역에 있는 아파트 하나 찾고 있습니다.

B: Ho diversi appartamenti. Quali sono le vostre esigenze?

　　다양한 아파트들을 보유하고 있습니다. 당신들이 필요로 하는
　　것은 어떤 겁니까?

A: Vorremmo due camere da letto, una cucina e un soggiorno.
   침실 두 개, 부엌 그리고 거실이 있는 것을 원합니다.

B: Uno o due servizi?
   욕실은 하나 아니면 두개?

A: Andrebbe bene anche un solo bagno.
   하나가 좋을 것 같습니다.

B: Avrei quattro locali in un palazzo al secondo piano.
   4개의 방이 딸린 3층을 얻고 싶습니다.

A: In che condizioni sono?
   아파트의 상태는 어떤가요?

B: Il palazzo è una nuova costruzione.
   신축 건물입니다.

A: C'è il garage?
   차고는 있나요?

B: Sì, e anche la cantina.
   네, 지하실도 있습니다.

15. LA PASTORELLA DELLE ALPI

알프스의 양치기 小女
Gioacchino Antonio Rossini (1792-1868)

LA PASTORELLA DELLE ALPI

LA PASTORELLA DELLE ALPI

노래가사

(1) <u>Son bella pastorella, che scende ogni mattino,
ed offre un cestellino di fresche frutta e fior.</u>
(2) Chi viene al primo albore avrà vezzose rose
e poma rugiadose, venite al mio giardin.
Son bella pastorella, che scende ogni mattin,
ed offre un cestellino di fresche frutta e fior... Ahu...
ahu a a ahu
ahu a a ahu ahu.

(3) <u>Chi nel notturno orrore smarrì la buona via,</u>
alla capanna mia ritroverà il cammin.
Venite, o passaggiero, la pastorella è qua,
ma (4) <u>il fior del suo pensiero ad uno sol darà!</u>
Venite, o passaggiero, la pastorella è qua,
ma il fior del suo pensiero ad uno sol darà! Ahu...
ahu a a ahu
ahu a a ahu ahu.

어휘 및 문법

son(o) ← essere v.intr. : (난) ~이다
bella ← bello agg. : 아름다운, 예쁜
pastorella s.f. : 양치기 소녀

scende ← scendere v.intr. : 내려가는

ogni mattino : 매일 아침

ed = e : 그리고

offre ← offrire v.tr. : 제공하는, 주는

cestellino ← cestello s.m. : 작은 바구니, -ino는 축소형어미

fresche ← fresco agg. : 신선한

frutta s.f. : 과일

fior(e) s.m. : 꽃

chi : ~하는 사람

viene ← venire v.intr : 오는

al primo albore : 새벽에

avrà ← avere v.tr. : 갖게 되리라 → 文法*미래(N. 15)

vezzose ← vezzoso agg. : 사랑스런, 매혹적인

rose ← rosa s.f. : 장미들

poma(te) ← pomato agg. : 과수원의

rugiadose ← rugiadoso agg. : 이슬 맺힌

venite ← venire v.intr. : 오시오!

al mio giardin(o) : 나의 정원에

notturno agg. : 밤의, 야간의

orrore s.m. : 공포, 전율

smarrì ← smarrire v.tr. : 잃었다 → 文法*원과거(N. 42)

la buona via : 옳은 길

capanna s.f. : 오두막

ritroverà ← ritrovare v.tr. : 다시 찾으리라

cammin(o) s.m. : 보행, 도보, 길, 여정

venite ← venire v.intr. : 오시오!

passaggiero s.m. : 길손

qua : 여기

ad uno sol(o) : 오직 한 분께

darà ← dare v.tr. : 주리라!

바로 이해하며 노래부르기

Son bella pastorella,   che scende ogni mattino,
나는 어여쁜 양치기 소녀,   매일 아침 내려와,

ed offre un cestellino di fresche frutta e fior. /
드린다오   한 바구니를   신선한 과일과 꽃의.

Chi viene al primo albore avrà   vezzose rose
오는 사람은   새벽에   갖게 되리라 사랑스런 장미들

e poma rugiadose, venite al mio giardin. /
과 이슬 맺힌 과일들을,   오라   나의 정원에.

Son bella pastorella,   che scende ogni mattin,
나는 어여쁜 양치기 소녀,   매일 아침 내려와,

ed offre un cestellino di fresche frutta e fior... / Ahu...
드린다오   한 바구니를   신선한 과일과 꽃의...   와우...

ahu a a ahu
와우 아 아 와우

ahu a a ahu ahu. /
와우 아 아 와우 와우

Chi nel notturno orrore smarrì la buona via,
누군가 공포스런 야밤에   잃었다면   옳바른 길을,

LA PASTORELLA DELLE ALPI

alla capanna mia   ritroverà   il cammin. /
나의 오두막집에서   다시 찾으리   길을.

Venite, o passaggiero, la pastorella è qua,
오라,   길손이여,   양치기 소녀 여기 있네,

ma   il fior del suo pensiero   ad uno sol   darà! /
그러나 꽃을   (소녀) 마음의   한 분에게만   드리리다!

Venite, o passaggiero, la pastorella è qua,
오라,   길손이여,   양치기 소녀 여기 있네.

ma   il fior del suo pensiero   ad uno sol   darà! / Ahu...
그러나 꽃을   (소녀) 마음의   한 분에게만   드리리다! 와우...

ahu a a ahu
와우 아 아 와우

ahu a a ahu ahu. /
와우 아 아 와우 와우.

노래 해설

(1) Son bella pastorella, che scende ogni mattino, ed offre un cestellino di fresche frutta e fior.
  * scende와 offre의 주어는 모두 pastorella이다.

(2) Chi viene al primo albore
  * chi = 선행사 le persone (사람들) + 관계대명사 che.

(3) Chi nel notturno orrore smarrì la buona via,
  * smarrì는 원형 smarrire의 원과거 3인칭단수형 → 文法*원과거(N. 42)

(4) il fior del suo pensiero ad uno sol darà!

* ad uno sol(o) darà il fior del suo pensiero!의 도치형.
* darà는 원형 dare (주다)의 미래 3인칭단수형 → 文法*미래(N. 17)

회화 한마디

DIALOGO N. 24
CHIEDERE INFORMAZIONI AL TELEFONO (전화로 문의하기)

A: Potrei avere alcune informazioni su un monolocale?
Ho visto un vostro annuncio sul giornale.
원룸에 대해 몇 가지 여쭤봐도 될까요?
신문에서 광고를 봤습니다.

B: Volentieri, ma l'impiegato in questo momento è occupato.
Potrebbe richiamare piú tardi?
물론이죠. 그런데 지금 담당 직원이 바쁘거든요.
후에 다시 전화하시겠습니까?

DIALOGO N. 25
CHIEDERE INFORMAZIONI AL TELEFONO (전화로 문의하기)

A: Buongiorno, vorrei parlare con il signor Rossi a proposito dell'appartamento da affittare.
안녕하세요. 월세 아파트에 관해 롯씨 선생과 통화하고 싶은데요.

B: Mi dispiace, adesso non c'è. Dovrebbe ritelefonare questa sera.
죄송합니다만 지금 안 계신데요. 오늘 저녁 다시 전화하셔야 겠는데요.

A: Va bene, grazie.
좋습니다. 감사합니다.

DIALOGO N. 26
CHIEDERE INFORMAZIONI AL TELEFONO (전화로 문의하기)

A: Allora, ha deciso per la casa?
자, 집을 얻기로 결정하셨나요?

B: No, non so cosa fare.
Mi piace molto, ma è troppo cara.
Non potrebbe abbassare il prezzo?
아닙니다. 뭘 해야 할지 모르겠네요.
무척 마음에 들지만, 너무 비쌉니다.
가격을 내릴 수 없나요?

A: Mi dispiace, non è proprio possibile.
죄송합니다만, 정말 불가능합니다.

16. LA PROMESSA

約束

Gioacchino Antonio Rossini (1792-1868)

LA PROMESSA

LA PROMESSA

노래가사

(1) <u>Ch'io mai vi possa lasciar
d'amare, no, nol credete, pupile care;</u>
nemmen per gioco, nemmen per gioco, nemmen per
gioco, v'ingannerò, no, no,
no, no, nemmen per gioco, v'ingannerò.
Voi sole siete le mie faville,
e voi sarete, care pupile, il mio bel
foco (2) sin ch'io vivrò, il mio bel foco
sin ch'io vivrò, sin ch'io vivrò,
sin ch'io vivrò, sin ch'io vivrò, ah!
Ch'io mai vi possa
lasciar d'amare, no, nol credete, pupile
care; nemmen per gioco, nemmen per
gioco, nemmen per gioco, v'ingannerò,
no, no,
no, no, nemmen per gioco v'ingannerò,
nemmen per gioco v'ingannerò, no, no, no, no, v'ingannerò
nemmen per gioco v'ingannerò, no, no, no, no, v'ingannerò
nemmen per gioco v'ingannerò,
nemmen per gioco v'ingannerò.

LA PROMESSA

어휘 및 문법

ch'io = che io : 어찌 내가

mai : 동사 앞에 위치하며 否定의 가치를 부여한다

vi : 그대를, 당신을

possa ← potere v.intr. : ~할 수 있다

lasciar(e) v.tr. : 버리다, 방치하다, 포기하다, 그만두다

d'amare = di amare : 사랑하는

nol : non

credete ← credere v.tr. : 믿으오!

pupile ← pupila s.f. : 눈(目), 瞳孔

care ← caro agg. : 사랑스런

nemmen(o) : 결코 ~하지 않으리

per gioco : 장난으로, 농담으로

v'ingannerò = vi ingannerò ← ingannare v.tr. : (난) 당신을 속이리라

voi sole siete : 오직 그대는 ~라오

faville ← favilla s.f. : 불꽃들

foco ← fuoco s.m. : 火

sin(o) ch' = sin che : ~일 때까지

vivrò ← vivere v.intr. : (난) 살아가리

바로 이해하며 노래부르기

Ch'io   mai   vi   possa lasciar
내가   절대로   그대들을   버릴 수 있다고

d'amare, no, nol credete, pupile care; /
사랑하는, 믿지 마오, 사랑하는 눈동자들이여.

nemmen per gioco, nemmen per gioco, nemmen per gioco,
결코 장난으로, 결코 장난으로, 결코 장난으로,

v'ingannerò, no, no,
그대들을 속이지 않으리, 절대로, 아니오,

no, no, nemmen per gioco, v'ingannerò. /
절대로, 결코 장난으로, 그대들을 속이지 않으리라.

Voi sole siete le mie faville, /
그대들만이 나의 불꽃들이네,

e voi sarete, care pupile, il mio bel foco
그대들은, 사랑하는 눈동자들이여, 나의 어여쁜 불꽃이리라

sin ch'io vivrò, il mio bel foco
내가 살아있는 한, 나의 어여쁜 불꽃이리라

sin ch'io vivrò, sin ch'hio vivrò,
내가 살아있는 한, 내가 살아있는 한,

sin ch'io vivrò, sin ch'io vivrò, ah! /
내가 살아있는 한, 내가 살아있는 한, 아!

Ch'io mai vi possa lasciar
내가 결코 그대들을 버릴 수 있다고

d'amare, no, nol credete, pupile care; /
사랑하는, 믿지 마오, 사랑하는 눈동자들이여

nemmen per gioco, nemmen per gioco,
결코 장난으로, 결코 장난으로

nemmen per gioco, v'ingannerò,
결코 장난으로, 그대들을 속이지 않으리라,

LA PROMESSA

no, no,
절대로,

no, no, nemmen per gioco v'ingannerò,
절대로, 결코 장난으로 그대들을 속이지 않으리,

nemmen per gioco v'ingannerò, no, no, no, no, v'ingannerò
결코 장난으로 그대들을 속이지 않으리, 절대로, 절대로, 그대들을 속이지 않으리

nemmen per gioco v'ingannerò, no, no, no, no, v'ingannerò
결코 장난으로 그대들을 속이지 않으리, 절대로, 절대로, 그대들을 속이지 않으리

nemmen per gioco v'ingannerò,
결코 장난으로 그대들을 속이지 않으리,

nemmen per gioco v'ingannerò. /
결코 장난으로 그대들을 속이지 않으리라.

노래 해설

(1) Ch'io mai vi possa lasciar d'amare, no, nol credete, pupile care;
   * Che io non vi possa mai lasciar(e) d'amare, non credete, pupile care의 도치형.
   * d'amare는 vi를 수식하므로 '사랑스런 그대들(눈동자들)을'
   * nol credete = non credete는 voi에 대한 부정명령형 → 文法*명령형 (N. 21)
   * possa는 동사 potere의 접속법현재형 → 文法*접속법(N. 43)

(2) sin ch'io vivrò
   * sino (=fino) che io vivrò
   * vivrò는 동사 vivere의 미래1인칭단수형 → 文法*미래(N. 17)

회화 한마디

DIALOGO N. 27
AVERE UNA CASA IN AFFITTO (월세 집 소유)

A: Buongiorno signora Filipovic. Sono Bonetti.
안녕하세요, 필리포비치 부인. 보넷띠입니다.

B: Buongiorno.
안녕하세요.

A: La chiamo a proposito del contratto d'affitto.
임대 계약에 관해 전화하는 겁니다.

B: Ah, già, scade tra un mese.
아, 벌써 그렇게 됐군요. 한 달 후면 계약이 만료가 되겠군요.

A: Sì. Ecco ... io vorrei aumentare il canone.
Sa, ho avuto molte spese per i lavori di ristrutturazione della casa.
Quando potremmo parlare?
네. 그렇습니다... 임대료를 올리고 싶습니다.
아시겠지만, 집수리로 많은 비용을 들였습니다.
우리 언제 얘기할 수 있을까요?

B: Andrebbe bene la settimana prossima?
In questi giorni ho poco tempo.
다음주 좋으세요?
요즘 시간이 별로 없어서요.

A: Certo. Va bene giovedì prossimo alle 19?
물론입니다. 다음주 목요일 저녁 7시 좋으세요?

B: D'accordo. Arrivederci.
좋습니다. 안녕히 계세요.

17. AMORE E MORTE

사랑과 죽음
Gaetano Donizetti (1797-1848)

AMORE E MORTE

AMORE E MORTE

노래가사

Odi d'un uom che muore,
odi l'estremo suon
(1) quest'appassito fiore ti
lascio Elvira in don.
Quanto prezioso ei sia.
(2) Tu dei saperlo appien nel
di che fosti mia te lo involai
te lo involai dal sen.
Simbolo allor d'affetto or
pegno di dolor.
(3) Torna a posarti in petto
questo appassito fior
avrai nel cor scolpito,
se duro il cor non è
come ti fu rapito
come ritorna a te.

어휘 및 문법

odi ← udire v.tr. : 들어라!
d'un uom(o) : 사람에 대해
muore ← morire v.intr. : 죽어 가는 (사람)
estremo agg. : 최후의, 마지막의

suon(o) s.m. : 소리, 음성

quest' = questo : (英) this

appassito p.p./agg. ← appassire v.intr. : (꽃이) 시든

fiore s.m. : 꽃

ti : 네게

lascio ← lasciare v.tr. : (내가) 남겨두오

in don(o) : 선물로

quanto : 얼마나, 어찌나

prezioso agg. : 귀한

ei : 그것이

sia ← essere v.intr. : ~이다 (접속법 현재)

dei = devi ← dovere v.tr. : (넌) ~를 해야 한다

saper(e) v.tr. : 알다

lo : 그것을 (직접보어)

appien(o) avv. : 완전히, 십분, 전적으로

fosti ← essere intr. : (넌) ~였다 (직설법 원과거)

mia : 내것 (Elvia를 두고 말한 것임)

te lo : 네게 그것을 → 文法*복합대명사(N. 33)

involai ← involare v.tr. : (내가) 보냈다(직설법 원과거)

dal sen(o) : 가슴으로부터, 마음으로부터

simbolo s.m. : 상징

allor(a) avv. : 그 당시는, 그 땐

d'affetto : 애정의

or(a) avv. : 이젠

pegno s.m. : 증거, 징표

dolor(e) s.m. : 고통

AMORE E MORTE

torna ← tornare v.intr. : 돌아오라!

a : ~하러

posarti = posare + ti : (네가) 쉬다 → 文法*재귀동사(N. 35)

in petto : 가슴에 파 무쳐

avrai ← avere v.tr. : (넌) 갖게 되리라(미래)

nel cor : 마음 속에

scolpito p.p./agg ← scolpire v.tr. : 각인된, 새겨진

se : (英) if

duro agg. : 견고한

come : ~처럼

fu <- essere v.intr. : ~였다(원과거)

rapito p.p./agg ← rapire v.tr. : (마음을) 빼앗긴

ritorna ← ritornare intr. : 돌아온다

a te : 너에게로

바로 이해하며 노래부르기

Odi d'un uom che muore,
들어주오 죽어 가는 한 남자에 대해,

odi l'estremo suon
들어주오 마지막 음성을

quest'appassito fiore   ti
이 시든 꽃(엘비라)을   네게

lascio   Elvira   in don. /
난 남긴다네 엘비라를   선물로

Quanto prezioso ei sia. /
어찌나 귀한지   그것이.

Tu dei saper lo appien
그대는 알아야 해요 그것을 완전히

nel di che fosti mia   te lo involai
내 마음속에서 우러나   그대에게 그것을 보냈네

te lo involai dal sen. /
그대에게 그것을 보냈네 마음으로부터.

Simbolo allor d'affetto or
그땐 애정의 상징이나

pegno di dolor. /
이젠 고통의 증거.

Torna a posarti in petto
돌아오라 가슴에 파 무쳐 쉬러

questo appassito fior
이 시든 꽃을

avrai nel cor scolpito,
갖게 되리 새겨진 마음속에,

se duro il cor non è
만일 마음이 견고하지 않다면

come ti fu rapito
그대에게 (마음을) 빼앗겼듯이

come ritorna a te. /
그대에게로 돌아오듯이.

AMORE E MORTE

노래 해설

(1) quest'appassito fiore ti lascio Elvira in don.
   * quest'appassito fiore는 곧 Elvira를 의미한다. 주어는 '나'.
(2) Tu dei saperlo appien nel di che fosti mia te lo involai
   * dei는 devi의 변형으로서 dovere (=must)가 원형이다.
(3) torna a posarti in petto
   * torna는 tu에 대한 명령으로 '돌아오라!'
   * posarti = posar(e) + ti : '너 자신을 쉬게 하다'의 의미를 갖는 재귀동사이다.

회화 한마디

DIALOGO N. 28
CHIAMARE UN TECNICO (기술자 부르기)

A: Centro Assistenza GiroWatt. Desidera?
   지로왓트 센터입니다. 뭘 원하시나요?

B: La mia caldaia non funziona.
   Ho cercato più volte di accenderla, ma inutilmente.
   난방장치가 작동하지 않습니다.
   여러번 켜볼려고 했지만 소용이 없습니다.

A: Perde acqua?
   물이 떨어지나요?

B: Mi sembra di no.
   아닌 것 같습니다.

A: Ha controllato la valvola di accensione?

점화 밸브를 조정해 보셨나요?

B: No. Non l'ho controllata.

Potrebbe mandarmi un tecnico?

아니요. 못 했습니다.

기술자 한 분 보내주실 수 있나요?

A: Sì, domani pomeriggio tra le 14 e le 18. Va bene?

네, 내일 오후 2시에서 6시 사이. 괜찮으세요?

B: Non è possibile oggi?

Ho in casa una bambina piccola e con il riscaldamento spento c'è molto freddo.

오늘은 안 되나요?

집에 어린애가 있어서 보일러가 꺼져 있으면 무척 추워요.

A: Mi dispiace, abbiamo molto lavoro in questi giorni.

죄송합니다. 요즘 우린 일이 아주 많습니다.

B: Allora mi rivolgo a un altro centro di assistenza.

Grazie, buongiorno.

그러면 다른 곳에 알아보겠습니다.

감사합니다. 안녕히 계세요.

18. ALMEN SE NON POSS'IO

적어도 내가 할 수 없다면
Vincenzo Bellini (1801-1835)

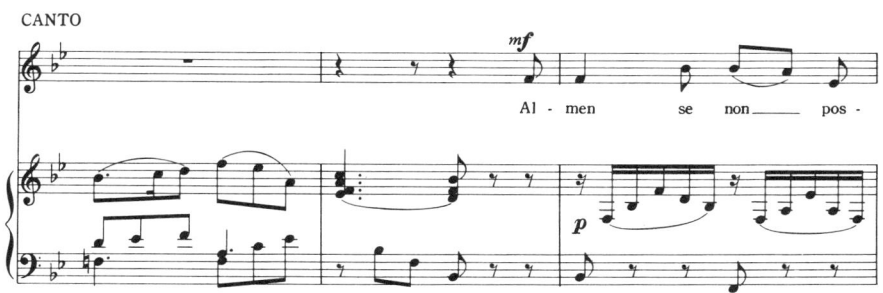

ALMEN SE NON POSS'IO

노래가사

Almen se non poss'io
seguir l'amato bene,
(1) <u>affetti del cor mio,
seguitelo, seguitelo per me</u>. (2) <u>Già sempre a lui
vicino raccolti amor vi tiene.</u>
E insolito cammino. Questo per voi,
per voi non è, per voi, per voi
non è, per voi, per voi non è, no,
no, per voi, per voi
non è.

어휘 및 문법

almen(o) avv. : 적어도
se : (英)if
poss'io = posso io : 내가 ~할 수 있다
seguir(e) v.tr. : 따르다
amato s.m. : 사랑하는 사람
bene avv. : 잘
affetti ← affetto s.m. : 애정들
del cor mio : 내 마음의
seguitelo = seguite (← seguire) + lo : 그를 따르시오!
per me : 날 위해

ALMEN SE NON POSS'IO

già sempre : 이미 늘

a lui : 그에게

vicino : 가까운

raccolti p.p./agg ← raccogliere v.tr. : 명상에 빠진

amor(e) s.m. : 사랑

vi : 당신을

tiene ← tenere v.tr. : 붙든다

insolito agg. : 보기 드문

cammino ← camminare v.intr. : (난) 걷는다

per voi : 당신을 위한

바로 이해하며 노래부르기

Almen se non poss'io seguir
적어도 내가 따를 수 없다면

l'amato bene,
사랑하는 사람을 잘,

affetti del cor mio,
내 마음의 애정들이여,

seguitelo, seguitelo per me. / Già sempre a lui
그를 따르라, 그를 따르라 날 위해. 이미 항상 그 남자

vicino raccolti amor vi tiene. /
곁에서 사랑을 간직한 채 너희들을 붙든다네.

E insolito cammino. / Questo per voi,
가끔 난 걷는다네. 이것은 너희들을 위한,

per voi non è,　　　　per voi,　　　per voi
너희들을 위한 것이 아니네,　너희들을 위한,　너희들을 위한 것이

non è,　per voi,　　per voi non è,　　　no,
아니네,　너희들을 위한,　너희들을 위한 것이 아니네,　아니야,

no,　　per voi,　　per voi
아니야,　너희들을 위한,　너희들을 위한 것이

non è. /
아니라네.

노래 해설

(1) affetti del cor mio, seguitelo, seguitelo per me.

　　* affetti를 의인화시켜 seguite의 주체로 만들고 있다.

(2) Già sempre a lui vicino raccolti amor vi tiene.

　　* vicino a lui가 도치되었고, raccolti amor는 '사랑을 간직한 채'로 보자.

　　* vi = affetti del cor mio

회화 한마디

DIALOGO N. 29
SULL'AUTOBUS (버스 안에서)

A: Per favore, questo autobus va fino alla stazione?
　　이 버스 역까지 갑니까?

B: Sì, certamente.

네, 물론입니다.

A: E quanto tempo impiega per arrivare?
거기까지 얼마나 걸리나요?

B: Circa venti minuti, se non ci sono ingorghi nel traffico.
교통혼잡 만 없다면 20분쯤 걸립니다.

A: Può avvisarmi quando devo scendere?
제가 내려야 할 때 알려주실 수 있나요?

B: Va bene, la chiamo tra cinque fermate.
좋습니다. 다섯 정류장 지난 후 알려드리겠습니다.

A: Posso usare ancora questo biglietto?
이 버스 표를 또 사용할 수 있나요?

B: Sì, perché vale sessanta minuti.
네, 60분 유효하니까요.

19. IL FERVIDO DESIDERIO

간절한 소망

Vincenzo Bellini (1801-1835)

IL FERVIDO DESIDERIO

노래가사

(1) Quando verrà quel dì che riveder potrò quel che l'amante cor tanto desidera?
Quando, Quando verrà quel dì che in sen, che in sen t'accoglierò,
Bella fiamma d'amor, anima mia, anima mia? Quando, Quando, Quando verrà quel dì? Ah, bella fiamma d'amor, anima mia!

어휘 및 문법

verrà ← venire v.intr. : (그 날이) 오리라

quel dì : 그 날

dì : 日

riveder(e) v.tr. : 다시 보다

potrò ← potere v.intr. : (내가) ~할 수 있으리

desidera ← desiderare v.tr. : 요구한다, 희망한다

in sen(o) : 가슴속에

t'accoglierò = ti accoglierò ← accogliere : (난) 너를 받아들이리

fiamma s.f. : 불꽃, 정열

anima s.f. : 영혼

IL FERVIDO DESIDERIO

바로 이해하며 노래부르기

Quando   verrà   quel dì   che riveder
언제   올 것인가   그 날은   내가 볼 수

potrò   quel che l'amante cor
있을   사랑하는 마음이

tanto   desidera? /
그토록 원하는 것을.

Quando, Quando verrà quel dì che in sen, che in sen t'accoglierò,
언제,   언제 올 것인가 그 날은 가슴으로, 가슴으로 내가 널 받아들일,

Bella fiamma d'amor, anima mia, anima mia? / Quando,
아름다운 사랑의 열정,   내 영혼이여, 내 영혼이여?   언제,

Quando, Quando verrà   quel dì? / Ah, bella fiamma d'amor,
언제,   언제 올 것인가 그 날은?   아, 아름다운 사랑의 열정,

anima mia! /
내 영혼!

노래 해설

(1) Quando verrà quel dì che riveder potrò quel che l'amante cor tanto desidera?

* rivedere potrò의 문법적 어순은 potrò rivedere이다.
* rivedere의 목적절은 quel che l'amante cor tanto desidera.

회화 한마디

 DIALOGO N. 30
ALLA BIGLIETTERIA DELLA STAZIONE (역 매표소에서)

A: Qual è il prossimo treno per Milano?
밀라노 행 다음 열차는 어떤거죠?

B: E' l'Intercity delle 14 e ventisei.
14시 26분 인터시티 열차입니다.

A: Devo pagare il supplemento rapido?
특급권을 사야하나요?

B: Sì, vediamo... per una percorrenza di centocinquanta chilometri è di 12.500 lire in prima classe e di 7.500 lire in seconda classe.
네, 봅시다... 150km 주행거리에 1등 칸이 12.000리라, 2등 칸이 7.500리라입니다.

A: E' obbligatoria la prenotazione?
예약이 필수인가요?

B: Per questo treno no.
이 열차는 그러실 필요 없습니다.

A: Bene, allora mi dia un biglietto per Milano, seconda classe, solo andata.
좋아요. 그럼 밀라노 행 2등 칸으로 편도 한 장 주세요.

B: Sono 19.600 lire... ma si affretti perché il treno è giá arrivato al binario 6 e sta per partire.
19.600리라입니다... 그런데 서두르세요! 열차가 6번 홈에 벌써 도착했으며 막 떠나려 하니까요.

20. PER PIETA', BELL'IDOL MIO

제발, 아름다운 내 님이여

Vincenzo Bellini (1801-1835)

PER PIETA', BELL' IDOL MIO

PER PIETA', BELL' IDOL MIO

노래가사

Per pietà, bell'idol mio, non mi
dir ch'io sono ingrato; (1) <u>Non mi dir ch'io sono ingrato;</u>
(2) <u>Infelice e sventurato abbastanza il Ciel mi fa</u>.
Se fedele a te son io, (3) <u>se mi struggo ai tuoi bei lumi</u>,
(4) <u>sallo amor</u>, lo sanno i Numi, il mio core, il tuo lo sa,
il mio core, il tuo lo sa, il mio core, il tuo lo sa:
Sallo amor, lo sanno i Numi, il mio cor,
il tuo lo sa, sì, lo sa. Per pietà, bell'idol mio,
non mi dir ch'io sono ingrato, non mi dir ch'io sono ingrato;
Infelice e sventurato abbastanza il Ciel mi fa.
Infelice e sventurato abbastanza il Ciel mi fa.
Se fedele a te son io, se mi struggo ai tuoi bei lumi,
sallo amor, lo sanno i Numi, il mio core, il tuo lo sa,
il mio core, il tuo lo sa, il mio core,
il tuo lo sa, il mio cor, il mio cor,
il tuo, il tuo lo sa.

어휘 및 문법

per pietà : 제발

idol(o) s.m. : 님, 우상

mi dir(e) : 내게 말해주오!

ingrato agg. : 은혜를 저버린, 배은망덕한

infelice agg. : 불행한, 불운의, 불만족한

sventurato agg. : 운이 나쁜, 불길한

abbastanza avv. : 꽤, 상당히

ciel(o) s.m. : 하늘

fa ← fare v.tr. : ~하게 한다

fedele agg. : 충실한

mi struggo ← struggersi v.rifl. : (난) 용해된다

i tuoi bei lumi : 너의 아름다운 눈

sallo = sa (← sapere v.tr.) + lo : 그것을 알아라

sanno ← sapere v.tr. : (신들은) 안다

numi ← nume s.m. : 神意, 神

il tuo (cuore) : 너의 마음은

바로 이해하며 노래부르기

Per pietà, bell'idol mio, non mi dir
제발   아름다운 내 님이여,   내게 말하지 마오

ch'io sono ingrato; / Non mi dir   ch'io sono ingrato; /
내가 배은망덕하다고. 내게 말하지 마오   내가 배은망덕하다고.

Infelice e sventurato   abbastanza il Ciel mi fa. /
불행하고 운 나쁘게   상당히   하늘은 나를 만드네.

Se fedele   a te son io, se mi struggo   ai tuoi bei lumi,
만약 충실하다면 네게 내가,   만약 내가 녹아든다면 그대의 아름다운 두 눈에,

sallo amor,   lo sanno i Numi, il mio core, il tuo lo sa,
그대여 그걸 알아라, 神들도 알고, 내 마음이나, 그대 마음도 그걸 안다네,

PER PIETA', BELL' IDOL MIO

il mio core, il tuo lo sa,   il mio core, il tuo lo sa: /
내 마음도, 그대 마음도 그걸 안다네, 내 마음도, 그대 마음도 그걸 안다네.

Sallo amor,   lo sanno i Numi, il mio cor,
그대여 그걸 알아라, 神들도 알고,   내 마음이나,

il tuo lo sa,   sì,   lo sa. / Per pietà, bell'idol mio,
그대 마음도 안다네, 그렇다, 안다네.   제발,   사랑하는 내 님이여,

non mi dir ch'io sono ingrato, non mi dir ch'io sono ingrato; /
내게 말하지 마오 내가 배은망덕하다고, 내게 말하지 마오 내가 배은망덕하다고.

Infelice e sventurato   abbastanza il Ciel mi fa. /
불행하고 운 나쁘게   상당히   하늘이 나를 만드네.

Infelice e sventurato   abbastanza il Ciel mi fa. /
불행하고 운 나쁘게   상당히   하늘이 나를 만드네.

Se fedele   a te son io, se mi struggo   ai tuoi bei lumi,
만약 충실하다면 네게 내가, 만약 내가 녹아든다면 그대의 아름다운 두 눈에,

sallo amor,   lo sanno i Numi, il mio core, il tuo lo sa,
그대여 그걸 알아라, 神들도 안다네,   내 마음도, 그대 마음도 그걸 안다네,

il mio core, il tuo lo sa,   il mio core,
내 마음도, 그대 마음도 그걸 안다네, 내 마음도,

il tuo lo sa, Il mio cor, Il mio cor,
그대 마음도,   내 마음,   내 마음도,

il tuo,   il tuo lo sa. /
그대 마음, 그대 마음도 그걸 안다네.

노래 해설

(1) Non mi dir ch'io sono ingrato;

　　＊ Non mi dir che ~ : ~라고 내게 말하지 마오! tu에 대한 부정명령형.

(2) Infelice e sventurato abbastanza il Ciel mi fa.

　　＊ Il cielo mi fa abbastanza infelice e sventurato의 도치형.

(3) Se mi struggo ai tuoi bei lumi,

　　＊ mi struggo는 재귀동사 struggersi의 1인칭단수형.

(4) Sallo amor,

　　＊ sallo = sa + lo : (그대여) 그것을 알아라! tu에 대한 명령형.

회화 한마디

DIALOGO N. 31

A: Scusi, c'è un posto libero in questo scompartimento?
　　미안합니다만 이 객실에 빈 좌석 있나요?

B: Sì, è libero quello vicino al finestrino.
　　네, 창가 옆 저 좌석이 비었습니다.

A: Oh, bene. Anche lei va a Milano?
　　오, 좋군요. 당신도 밀라노에 가십니까?

B: Sì, per motivi di lavoro.
　　네, 일 때문에 갑니다.

A: Ci va spesso?
　　거긴 가끔 가세요?

B: Ogni lunedì.
매주 월요일에 갑니다.

A: Sa dov'è la toilette?
화장실이 어디에 있는지 아세요?

B: In fondo al corridoio, a sinistra.
복도 끝 왼쪽입니다.

A: Grazie. Può tenere il posto occupato per me finchè non ritorno?
고맙습니다. 제가 돌아 올 때까지 자리를 맡아주시겠어요?

B: Certo signora, stia tranquilla.
물론이죠 부인. 걱정마세요.

21. VAGA LUNA, CHE INARGENTI

은빛으로 빛나게 하는 영롱한 달이여

Vincenzo Bellini (1801-1835)

VAGA LUNA, CHE INARGENTI

VAGA LUNA, CHE INARGENTI

노래가사

(1) <u>Vaga luna, che inargenti queste rive</u>
<u>e questi fiori ed inspiri, ed inspiri agli elementi.</u>
Il linguaggio, il linguaggio dell'amor;
(2) <u>Testimonio or sei tu sola del mio fervido desir,</u>
(3) <u>ed a lei, ed a lei che m'innamora conta i palpiti,</u>
i palpiti e i sospir. Ed a lei che m'innamora conta i palpiti
e i sospir! Ed a lei che m'innamora conta i palpiti e i sospir,
e i sospir, e i sospir!
(4) <u>Dille pur che lontananza il mio dolor</u>
non può lenir, che se nutro, se nutro una speranza
ella è sol, sì, ella è sol nell'avvenir.
Dille pur che giorno e sera conto l'ore del dolor, che una speme,
una speme lusinghiera mi conforta mi conforta nell'amor, che
una speme lusinghiera mi conforta nell'amor, che una speme
lusinghiera mi conforta nell'amor, nell'amor, nell'amor.

어휘 및 문법

vaga ← vago agg. : 몽롱한, 희미한

luna s.f. : 달(月)

inargenti ← inargentare v.tr. : 은빛으로 빛나는

rive ← riva s.f. : 해안

inspiri ← inspirare v.tr. : 불어넣는, 고취시키는, 호흡하는,

VAGA LUNA, CHE INARGENTI

elementi ← elemento s.m. : 自然力, 元素들

il linguaggio dell'amor : 사랑의 언어

testimonio s.m. : 증인

or(a) : 지금

fervido agg. : 불타는, 열렬한, 활발한

desir(e) ← desiderio : 욕망

m'innamora = mi innamora ← innamorare v.tr. : 내게 연애감정을 일으키는

conta ← contare v.tr. : 세어보라!

i palpiti : 맥박을

i sospir(i) : 한숨을

dille = dì (← dire v.tr.) + le(그녀에게) : 그녀에게 말해주오!

pur(e) avv. : 어서

lontananza s.f. : 멀리 떨어져 있음

duol(o) s.m. : 비탄

può ← potere v.intr. : ~할 수 있다

lenir(e) v.tr. : 완화시키다, 진정시키다

nutro ← nutrire v.tr. : (난)기른다, 양육한다

speranza s.f. : 희망

ella : 그녀

sol(a) : 오직

nell'avvenir(e) : 미래에

l'ore del dolor : 고통의 시간

speme s.f. : 희망 (=speranza)

lusinghiera ← lusinghiero agg. : 만족스런

conforta ← confortare v.tr. : 위로한다, 격려한다

VAGA LUNA, CHE INARGENTI

바로 이해하며 노래부르기

Vaga luna, che inargenti queste rive
영롱한 달이여, 은빛으로 빛나게 하는 이 해안들과

e questi fiori ed inspiri, ed inspiri agli elementi. /
이 꽃들을 그리고 호흡하고, 호흡하는 자연과.

Il linguaggio, il linguaggio dell'amor; /
언어, 사랑의 언어.

Testimonio or sei tu sola del mio fervido desir,
증인이네 지금 너 만이 나의 불타는 욕망의,

ed a lei, ed a lei che m'innamora conta i palpiti,
그리고 그녀의, 그녀가 나를 사랑에 빠뜨리는 세어 보라 맥박을,

i palpiti e i sospir. / Ed a lei che m' innamora conta i palpiti
맥박과 한숨을. 그녀의 날 사랑에 빠뜨리는 세어 보라 맥박과

e i sospir! / Ed a lei che m'innamora conta i palpiti e i sospir,
한숨을. 그녀의 날 사랑에 빠뜨리는 세어 보라 맥박과 한숨을,

e i sospir, e i sospir! /
한숨을, 한숨을.

Dille pur che lontananza il mio dolor
그녀에게 말해 다오 어서 멀리 떨어져 있음은 나의 고통을

non può lenir, che se nutro, se nutro una speranza,
진정시킬 수 없다고, 만약 내가 키울 수 있다면, 키울 수 있다면 희망을,

ella è sol, sì, ella è sol nell'avvenir. /
그녀는 오직, 그렇다, 그녀는 오직 미래에 있다네.

Dille pur che giorno e sera conto l'ore del dolor, / che una speme,
말해 다오 어서 밤낮 없이 난 세리라 고통의 시간을, 희망,

VAGA LUNA, CHE INARGENTI

una speme lusinghiera mi conforta mi conforta nell'amor,
만족스런 희망이 날 위로하네 날 위로하네 사랑 안에서,

che una speme lusinghiera
만족스런 희망이

mi conforta nell'amor, che una speme lusinghiera
날 위로하네 사랑 안에서, 만족스런 희망이

mi conforta nell'amor, nell'amor, nell'amor. /
날 위로하네 사랑 안에서, 사랑 안에서, 사랑 안에서.

노래 해설

(1) Vaga luna, che inargenti queste rive e questi fiori ed inspiri, ed inspiri agli elementi.
   * vaga luna를 tu로 보기 때문에 inargenti, inspiri로 활용.
(2) Testimonio or sei tu sola del mio fervido desir,
   * Ora tu sei sola testimonio del mio fervido desir의 도치형.
(3) ed a lei che m'innamora conta i palpiti,
   * a lei가 i palpiti와 연결되어 '그녀의 맥박'으로 해석된다.
(4) Dille pur che lontananza il mio dolor
   * dille는 dì + le의 결합형으로 tu에 대한 명령형에 간접대명사 le가 연결된 것이다.

회화 한마디

 DIALOGO N. 32
PRENOTARE UN VIAGGIO IN AEREO (비행기 여행 예약하기)

A: Buongiorno, ho prenotato un posto sul volo per Heraklion del 3 luglio, in partenza da Bologna.
Vorrei una conferma.
안녕하세요. 7월 3일 볼로냐 발 헤라클리온 행 비행기 좌석 하나를 예약했는데요.
확인하고 싶습니다.

B: Mi dica il suo nome, prego.
이름을 말씀해 주세요.

A: Gianni Forlati.
쟈니 포를라띠입니다.

B: Bene. Il decolo da Borgo Panigale è confermato per le ore 17 e dieci.
좋아요. 보르고 빠니갈레로부터 비행기 이륙은 17시 10분입니다.

A: A che ora devo presentarmi per il check-in?
몇 시에 책크인하러 가야 하나요?

B: Due ore prima, alle 15 e dieci.
두 시간 전입니다. 그러니까 15시 10분입니다.

A: Per che ora è previsto l'arrivo a Heraklion?
헤라클리온에 도착하려면 몇 시간 걸릴 것 같습니까?

B: Per le 20 e venti, ora locale.
현지 시간으로 저녁 8시 20분입니다.

A: E il biglietto?

항공권은요?

B: Lo potrà ritirare due ore prima della partenza, all'aeroporto di Bologna, al banco assistenza della nostra agenzia.
　　출발 두 시간 전, 볼로냐 공항에 있는 저희 회사 창구에서 항공권을 찾으실 수 있습니다.

22. MALINCONIA, NINFA GENTILE

애수에 젖은 상냥한 요정이여
Vincenzo Bellini (1801-1835)

MALINCONIA, NINFA GENTILE

MALINCONIA, NINFA GENTILE

노래가사

Malinconia, Ninfa gentile, la vita mia
consacro a te; (1) I tuoi piaceri chi tiene a
vile, ai piacer veri nato non è.
Fonti e colline chiesi agli Dei; M'udiro alfine,
pago io vivrò,
(2) Nè mai quel fonte cò desir miei, Nè mai quel monte
trapasserò, trapasserò, nè mai, ne; mai
cò desir miei trapasserò, ne mai, nè mai
trapasserò, nè mai nè mai trapasserò, no,
no, mai.

어휘 및 문법

malinconia s.f. : 哀愁

ninfa s.f. : 요정

gentile agg. : 친절한

vita s.f. : 생명, 삶

consacro ← consacrare v.tr. : (내가) 바친다

tiene (← tenere) a vile : 전혀 상대치 아니한다, 경멸한다

ai piacer veri : 참된 기쁨

nato p.p. ← nascere v.intr. : 태어난, 잉태된

fonti ← fonte s.f. : 샘물

colline ← collina s.f. : 언덕

chiesi ← chiedere v.tr. : (내가) 요구했다

agli Dei : 신께

m'udirò = mi udirò: (난) 이해하리라

alfine avv. : 마침내

pago ← pagare v.tr. : (난) 보답하리

vivrò ← vivere v.intr. : (난) 살아가리

Nè mai ~ nè mai ~ : 이도 저도 ~하지 않다

quel fonte : 그 샘물

cò ← coi = con + i

desir(i) miei : 나의 욕망들

quel monte : 그 산

trapasserò ← trapassare v.tr. : 통과할 것이다, 관통할 것이다, 넘을 것이다

바로 이해하며 노래부르기

Malinconia, Ninfa gentile, la vita mia
애수에 젖은, 상냥한 요정이여, 내 생명을

consacro a te; / I tuoi piaceri chi tiene a
난 바치리라 그대에게. 그대의 기쁨을 경멸하는

vile, ai piacer veri nato non è. /
자, 참다운 기쁨 생기지 않으리.

Fonti e colline chiesi agli Dei; / M'udiro alfine,
샘물들과 언덕들을 난 요구했네 신들께. 내 소리를 신들은 들었네 마침내,

pago io vivrò, /
난 보답하며 살아가리라,

MALINCONIA, NINFA GENTILE

Nè mai quel fonte   cò desir miei,   Nè mai quel monte
저 샘물들도   내 욕망으로는,   저 산도

trapasserò,   trapasserò,   nè mai, ne; / mai
넘지 못 하리라,   넘지 못 하리라,   전혀,   결코,   전혀

cò desir miei trapasserò,   ne mai,   nè mai
내 욕망으로는   넘지 못 하리라,   전혀,   결코

trapasserò,   nè mai nè mai trapasserò,   no,
넘지 못 하리라,   전혀   결코   넘지 못 하리라,   안돼,

no,   mai. /
안돼,   전혀.

노래 해설

(1) I tuoi piaceri chi tiene a vile, ai piacer veri nato non è.

* chi tiene a vile i tuoi piaceri의 도치형.

* tiene a vile는 '경멸하다' 라는 숙어이다.

* non è nato ai piacer(i) veri의 도치형. 직역은 '...는 진정한 기쁨으로 잉태되지 않는다' 이다.

(2) Nè mai quel fonte cò desir miei, Nè mai quel monte trapasserò, trapasserò,

* nè mai ~ nè mai~ : 이도 저도 아니다

* 그러므로 동사 trapasserò 앞에 부정어 non은 필요 없다.

회화 한마디

 DIALOGO N. 33
ALL'AEROPORTO (공항에서)

A: Mi dia i suoi documenti, prego.
당신의 서류들을 주세요.

B: Ecco il biglietto dell'aereo e la carta d'identità.
여기 항공권과 신분증 있습니다.

A: Bene. Quanti bagagli ha?
좋습니다. 가방은 몇 개인가요?

B: Una valigia grande e uno zaino da portare a mano. E' possibile?
큰 가방 하나와 핸드캐어 용 배낭 하나입니다. 되나요?

A: Sì, se non pesa più di cinque chili.
네, 5kg 이상 나가지 않는다면 됩니다.

B: A quale cancello devo presentarmi per la partenza?
출발을 위해 어떤 탑승구로 가야 하나요?

A: Al cancello n. 16, ma prima deve passare al controllo della dogana.
Ecco la sua carta d'imbarco.
Buon viaggio!
16번 탑승구입니다만, 먼저 세관 검사를 거치셔야 합니다.
여기 탑승권 있습니다.
즐거운 여행되세요.

DIALOGO N. 34
ALL'UFFICIO POSTALE (우체국에서)

A: Buongiorno, vorrei spedire una lettera raccomandata e ritirare un pacco.

안녕하세요. 등기우편을 부치고 소포를 하나 찾고 싶은데요.

B: Bene. Per la raccomandata deve compilare questo modulo. Vuole anche la ricevuta di ritorno?

좋습니다. 등기우편을 부치시려면 이 양식을 작성해 주셔야 합니다. 반송 영수증도 원하세요?

A: No. Grazie. Non mi serve.

아닙니다. 필요 없습니다.

B: Potrei vedere l'avviso per ritirare il pacco?

소포를 찾기 위한 통지서를 보여 주시겠습니까?

A: Purtroppo l'ho dimenticato a casa.

이걸 어쩌죠? 집에 두고 왔어요.

B: Allora io non posso consegnare il pacco.

그러면 소포를 내드릴 수 없습니다.

23. SOGNAI

난 꿈꾸었네
Francesco Schira (1815-1883)

SOGNAI

SOGNAI

SOGNAI

> 노래가사

(1) <u>Sognai che a Lisa unito m'era;</u>

Sognai che (2) <u>il labbro io le baciai;</u> E (3) <u>mi rapia quel bacio il cor.</u>

(4) <u>Fosse eterno il sogno mio,</u> come eterno

e questo amor, come eterno,

eterno è questo amor!

Ah! T'amo tanto, ah! t'amo

tanto. Che (5) <u>per te vorrei morire.</u>

T'amo tanto, tanto che per te

vorrei morir! ah!

(6) <u>Tutto il cuor a te donai.</u>

E sol morte sol morte

(7) <u>si sol morte il può rapir.</u> Sogno è la vita,

sogno è l'amor! Sognai che il labbro io le baciai;

e mi rapia quel bacio il cor, ah t'amo tanto, ah t'amo

tanto che per te vorrei morir. Per te per

te vorrei morir, ah!

si per te ah!

si ah si per te vorrei morir si per te per te vorrei morir.

Morir per te vorrei

morir ah!

어휘 및 문법

sognai ← sognare v.tr. : (난) 꿈꾸었네(원과거 1인칭단수)

unito p.p./agg ← unire v.tr. : 결합된, 화합된, 단결된

m'era = mi era ← essere v.intr. : 내게 ~였다

labbro s.m. : 입(口)

le baciai ← baciare v.tr. : 그녀에게 입맞추었네(원과거 1인칭단수)

rapia ← rapire v.tr. : 유혹하네

quel bacio : 그 키스

fosse ← essere v.intr. : (접속법 불완료과거 3인칭단수)

eterno agg. : 영원한

come avv. : ~처럼, ~같이

t'amo = ti amo ← amare v.tr. : (난) 널 사랑해

tanto avv. : 무척, 매우

per te : 널 위해

vorrei ← volere v.tr. : (난) ~하고 싶어요 (조건법 현재 1인칭 단수)

morir(e) v.intr. : 죽다

tutto il cuor(e) : 마음 모두를

donai ← donare v.tr. : (난) 바쳤오 (원과거 1인칭단수)

sol(o) morte : 죽음만이

rapir(e) v.tr. : 강탈하다, 빼앗다

바로 이해하며 노래부르기

Sognai   che a Lisa   unito m'era; /
난 꿈꾸었네   리사 곁에   붙어 있는 것을.

SOGNAI

Sognai che il labbro io le baciai; / E mi rapia quel bacio il cor. /
난 꿈꾸었네 그녀의 입술에 내가 입맞춘 것을. 내 마음을 유혹하네 그 입맞춤은.

Fosse eterno il sogno mio, come eterno,
영원하다면 내 꿈이, 영원하리,

e questo amor, come eterno,
이 같은 사랑, 영원하리,

eterno è questo amor! /
영원하리 내 사랑!

Ah! T'amo tanto, ah! t'amo
아! 그대를 사랑하오 너무도, 아! 사랑하오

tanto. / Che per te vorrei morir. /
너무도. 그대를 위해 죽고 싶다오.

T'amo tanto, tanto che per te
그대를 사랑하오 너무도, 너무나도 그댈 위해

vorrei morir! ah! /
죽고 싶다오! 아!

Tutto il cuor a te donai. /
온통 마음을 그대에게 난 바쳤다오.

E sol morte sol morte
죽음만이 죽음만이

si sol morte il (cor) può rapir. / Sogno è la vita,
그토록 죽음만이 마음을 빼앗을 수 있네. 꿈은 생명,

sogno è l'amor! / Sognai che il labbro io le baciai;
꿈은 사랑이라오! 난 꿈꾸었네 그녀의 입술에 내가 입맞춘 것을.

e mi rapia quel bacio il cor, / ah! t'amo tanto, ah t'amo
내 마음을 유혹하네, 그 입맞춤이 아! 그대를 사랑하오 너무도, 아! 그대를 사랑하오

tanto   che per te   vorrei morir. Per te   per te
너무도 그대를 위해 죽고 싶다오.   그대를 그대를 위해

vorrei morir, ah! /
죽고 싶다오, 아!

si   per te   ah!
그토록 그대를 위해 아!

si   ah si   per te   vorrei morir   si   per te   per te   vorrei morir. /
그토록 아! 그토록 너를 위해 죽고 싶다오 그토록 널 위해 널 위해 죽고 싶다오,

Morir   per te   vorrei
죽고 싶다오   널 위해

morir   ah! /
죽고 싶다오 아!

노래 해설

(1) Sognai che a Lisa unito m'era;
   * sognai는 동사 sognare의 원과거 1인칭단수형 → 文法*원과거(N. 42)
   * mi era unito a Lisa의 도치형.

(2) il labbro io le baciai;
   * io le baciai il labbro의 도치형. le가 il bacio와 연관되어 '그녀의 입술을' 의미.
   * baciai는 동사 baciare의 원과거 1인칭단수 → 文法*원과거(N. 42)

(3) mi rapia quel bacio il cor.
   * quel bacio mi rapia il cor의 도치형. mi가 il cor와 관련되어 '나의 마음을' 의미.

SOGNAI

(4) Fosse eterno il sogno mio,
   * fosse는 동사 essere의 접속법 불완료과거3인칭단수형 → 文法*접속법(N. 29)

(5) per te vorrei morire.
   * vorrei는 동사 volere의 조건법현재1인칭단수형으로서 '욕구, 욕망' 을 나타낸다
     文法*조건법(N. 12)

(6) Tutto il cuor a te donai.
   * a te donai tutto il cuor의 도치형.
   * 전치사 a 다음에는 강세형인칭대명사를 사용해야 한다. a me, a te, a lui, a lei ... (N. 31)

(7) si sol morte il (cor) può rapir.
   * così sol morte può rapire il (cor)의 도치형.
   * si = così(그토록)

회화 한마디

DIALOGO N. 35
AL RISTORANTE (레스토랑에서)

A: Cameriere, scusi, c'è un tavolo libero? Siamo in due.
   웨이터, 미안합니다만 빈 테이블있나요? 우린 둘 입니다.

B: Certo, potete accomodarvi qui, se vi piace, oppure là, vicino alla finestra.
   물론이죠, 좋으시다면 여기 앉으셔도 됩니다. 아니면 저기 창가 옆도 좋구요.

A: Grazie, va bene qui.

고마워요. 여기가 좋겠네요.

B: Ecco il menu. Guardate pure con comodo, torno tra un po'.
여기 메뉴 있습니다. 편하게 보세요, 잠시 후 오겠습니다.

Dopo qualche minuto... 몇 분 후...

B: Bene, volete ordinare?
좋습니다. 주문하시겠습니까?

A: Sì, ci porti due piatti di spaghetti al pomodoro, una bistecca di manzo ben cotta e una cotoletta alla milanese.
그러죠. 토마토 소스 스파겟띠 두 접시, 잘 구운 숫송아지 비프 스테이크와 밀라노 식 커트렛을 갖다 주세요.

B: Come contorno che cosa prendete?
곁들이는 음식으로는 뭘 드시겠습니까?

A: Un'insalata mista per tutti e due.
두 사람 모두 혼합샐러드로 주세요.

B: E da bere?
그리고 마실 것으로는?

A: Un litro di acqua minerale naturale e mezzo litro di vino rosso, grazie.
자연생수 1리터와 적포도주 반 리터 주세요. 고맙습니다.

DIALOGO N. 36
AL RISTORANTE (레스토랑에서)

A: Prendete ancora qualcosa? Un dolce? Il caffè?
뭐 좀 더 드시겠습니까? 단과자? 커피?

B: No grazie, va bene così. Ci fa il conto?
아니에요. 고마워요. 됐습니다. 계산서 갖다 주세요?

A: Sì, sono... quarantamila lire.
네, 어... 40.000리라입니다.

B: Possiamo pagare con la carta di credito?
신용카드로 결재할 수 있나요?

A: Certo... ecco... faccia qui la firma... e questo è il suo scontrino.
물론이죠... 네... 여기에 서명하시죠... 그리고 이 것은 영수증입니다.

B: Grazie e arrivederci!
고마워요. 또 봅시다!

24. NON T'ACCOSTARE ALL'URNA

무덤 가까이 오지 마라
Giuseppe Verdi (1813-1901)

NON T'ACCOSTARE ALL'URNA

NON T'ACCOSTARE ALL'URNA

NON T'ACCOSTARE ALL'URNA

노래가사

(1) <u>Non t'accostare all'urna</u>
che il cener mio rinserra; Questa pietosa
terra è sacra al mio dolor.
Odio gli affanni tuoi, ricuso i tuoi giacinti; (2) <u>Che giovano agli
estinti due lacrime o due fior?</u> Che giovano due lacrime o due fior?
Che giovano due lacrime o due fior?
Empia! Empia! (3) <u>dovevi allora porgermi un fil d'aita,
quando traea la vita</u>
nell'ansia e nei sospir, quando traea la vita
nell'ansia e nei sospir.
(4) A che d'inutil pianto assordi la foresta? (5) Rispetta
un'ombra mesta!
E lasciala dormir, rispetta un'ombra mesta!
E lasciala dormir!

어휘 및 문법

t'accostare ← accostarsi v.rifl. : (그대) 접근하지 마오!

urna s.f. : 墓地, 무덤

cener(e) : 유해(遺骸)

rinserra ← rinserrare v.tr. : (땅에) 묻는다, 다시 가둔다, 다시 닫는다

pietosa ← pietoso agg. : 자비로운

terra s.f. : 大地, 땅

sacra ← sacro agg. : 神聖한

al mio dolor(e) : 내 고통에

odio ← odiare v.tr. : (난) 증오한다

affanni ← affanno s.m. : 고뇌, 불안

ricuso ← ricusare v.tr. : (난) 거절하오

giacinti ← giacinto s.m. : 히아신스 (꽃)을

giovano ← giovare v.intr. : (눈물과 꽃이) 유효하다, 소용있다

estinti ← estinto s.m. : 故人

lacrime ← lacrima s.f. : 눈물

empia s.f. : 불경한자, 무신론자

dovevi ← dovere v.tr. : (넌) ~했어야했다(직설법불완료과거 2인칭 단수)

allora avv. : 그 때, 그 당시

porgermi = porger(e) + mi : 내게 내밀다

un fil(o) d'aita ← aiuto : 도움의 손길

traea ← trarre v.intr. : 통과한다, 진행한다

ansia s.f. : 번뇌

sospiri ← sospiro s.m. : 탄식

inutil(e) agg. : 소용없는

pianto s.m. : 눈물

assordi ← assordare v.tr. : (그대가) 귀찮게 한다

foresta s.f. : 숲

rispetta ← rispettare v.tr. : 존경하라, 준수하라(명령형)

ombra s.f. : 그림자

mesta ← mesto agg. : 슬픈, 비참한

lasciala = lascia (← lasciare v.tr.) + la : 슬픈 그림자를 ~하게 내버려두라!

dormir(e) v.tr. : 잠자다

바로 이해하며 노래부르기

Non t'accostare   all'urna
가까이 오지 마오 무덤에

che il cener mio   rinserra; / Questa pietosa
내 유해를   묻고 있는   이 같은 자비로운

terra è sacra   al mio dolor. /
땅은 신성하오   내 고통에 비하면.

Odio   gli affanni tuoi, ricuso i tuoi giacinti; /
난 증오하오 그대의 고뇌를, 난 거절하오 그대의 히야신스를.

Che giovano   agli estinti
소용이 있나요   고인에게

due lacrime o due fior? / Che giovano   due lacrime o due fior?
눈물이나   꽃이?   소용이 있나요   눈물이나   꽃이?

Che giovano   due lacrime o due fior? /
소용이 있나요   눈물이나   꽃이?

Empia!   Empia!   dovevi allora porgermi   un fil d'aita,
불경한자! 불경한자여! 그때 내게 내밀었어야 했소   도움의 손길을,

quando traea la vita
들어갈 때   삶이

nell'ansia e nei sospir, quando traea la vita
번뇌와   한숨 속에,   들어갈 때   삶이

nell'ansia e nei sospir. /
번뇌와   한숨 속에.

A che d'inutil pianto assordi la foresta? / Rispetta un'ombra mesta! /
왜   쓸데없는 눈물로 귀찮게 하나 숲을?   존경하오 슬픈 그림자를!

NON T'ACCOSTARE ALL'URNA

E lasciala dormir, rispetta un'ombra mesta! /
그리고 내버려두오 잠자게, 존경하오 슬픈 그림자를!

E lasciala dormir! /
그리고 내버려두오 잠자게!

노래 해설

(1) Non t'accostare all'urna che il cener mio rinserra;
   * non ti accostare는 tu에 대한 부정명령형.
   * all'urna che ~ : ~하는 무덤에

(2) Che giovano agli estinti due lacrime o due fior?
   * giovano는 동사 giovare의 직설법현재3인칭복수형으로서 주어는 due lacrime o due fior(i)이다.
   * agli estinti = a + gli estinti -> 文法*전치사관사(N. 24)

(3) dovevi allora porgermi un fil d'aita, quando traea la vita nell'ansia e nei sospir,
   * dovevi porgermi un fil(o) d'aiuto : dovevi는 동사 dovere의 직설법불완료과거단수2인칭형이며 동사원형이 뒤따라나와야 한다. volere (want), potere (can)도 같은 용법을 갖는다. → 文法*직설법불완료과거(N. 26)

(4) A che d'inutil pianto assordi la foresta?
   * a che = perché (왜, 왜냐하면)
   * 문장의 주어는 '그대'
   * 원래는 di inutile pianto이나 음성학적으로 편리성을 주기 위해 축약 현상이 생겼다.

(5) Rispetta un'ombra mesta! E lasciala dormir,
   * rispetta는 동사 rispettare의 tu에 대한 명령형
   * lasciala = lascia + la (=un'ombra mesta)
   * lascia + 동사원형 = ~하도록 내버려 둬!
   * lascia + mi = 날 내버려 둬! lascia dormire!(잠자게 내버려 둬!)

회화 한마디

DIALOGO N. 37

IN BANCA (은행에서)

A: Buongiorno. Dica!
   안녕하세요. 말씀하시죠!

B: Vorrei versare questo assegno sul mio conto corrente.
   이 수표를 제 계좌에 입금하고 싶은데요.

A: Va bene, ma non è intestato.
   좋습니다. 그런데 수취인의 이름이 없군요.

B: Cosa vuol dire? Me lo può spiegare, per cortesia?
   무슨 뜻이죠? 설명 해 주시겠어요?

A: Certamente. Vuol dire che se l'assegno è per lei, qui deve esserci il suo nome.
   물론이죠. 수표가 당신 것이라면 여기에 당신의 이름이 있어야 한다는 뜻입니다.

B: Lo scrivo subito. Va bene adesso?
   써드리죠. 지금 괜찮아요?

A: No, non ancora. L'assegno non è girato.

아뇨, 아직 안 됩니다. 서명이 안 되어 있어서.
B: Povera me! Cosa devo fare?
이걸 어쩐다죠! 제가 어떻게 해야 되나요?
A: Semplicemente firmare dietro dove è scritto GIRATE.
이서라고 쓰여진 뒷면에 서명하시면 간단합니다.
B: Capisco. Mi scusi, ma sa, è la prima volta.
알겠습니다. 미안합니다. 처음이라서...

DIALOGO N. 38
DAL FRUTTIVENDOLO (청과물점에서)

A: Sei arrivato finalmente?
Dove sei andato?
너 왔구나?
어디 갔었니?

B: Sono uscito per fare la spesa dal fruttivendolo, ma c'erano tante persone e ho fatto tardi.
청과물점에 뭘 사러 나갔었어. 그런데 사람들이 많아서 늦었다.

A: Che cosa hai comperato?
뭘 샀니?

B: Volevo prendere le verdure per preparare il sugo...
소스 준비하려고 야채를 사고 싶었어...

A: Le hai trovate?
그걸 구했어?

B: I pomodori erano belli e maturi.
Ne ho preso mezzo chilo.
Anche l'aglio aveva un buon aspetto e ne ho comperato

una testa.

토마토는 예쁘고 잘 익었더라구.

500g 샀어.

마늘도 물이 좋아서 머리 부분을 샀다.

A: E il basilico c'era?

향미료는 있데?

B: Sì, ma non era bello, aveva le foglie scure e rovinate.

응, 그런데 좋지 않았어. 잎 색깔이 칙칙하고 부서져 있더라구.

A: E allora?

그래서?

B: Allora non l'ho voluto e invece del basilico fresco userò quello surgelato.

그래서 사고 싶지 않았어. 대신 냉동 향미료를 쓸거야.

25. IL BACIO

입맞춤

Luigi Arditi (1822-1903)

IL BACIO

IL BACIO

IL BACIO

〈중략〉

> 노래가사

Sulle, sulle labbra, sulle labbra, (1) <u>se potessi</u>,
<u>dolce un bacio ti darei,</u> dolce un bacio
ti darei. (2) <u>Tutte</u>,
<u>tutte ti direi le dolcezze dell'amor</u>
ah, tutte le dolcezze dell'amor. Sempre, sempre assisa, sempre
(3) <u>assisa a te d'appresso,</u> mille gaudi ti direi,
mille gaudi ti direi.
Ed (4) <u>i palpiti udirei</u>
<u>che rispondono al mio cor</u>, ed i palpiti
udirei che rispondono al mio cor.
Gemme e perle non
desio, non son
vaga d'altro affetto;
un tuo sguardo è il mio diletto, un tuo bacio,
un tuo bacio è il mio, il mio tesor,
il mio tesor. Vieni ah!
(5) <u>vien! più non tardare</u>, vieni, ah vieni
vieni a me vien d'appresso, ah!
vieni a me.
Ah! Ah!
vien nell'ebbrezza
d'un amplesso ch'io
viva, ch'io viva sol d'amor.
Sulle, sulle labbra, sulle labbra, se potessi,

IL BACIO

dolce un bacio ti darei, dolce
un bacio ti darei. Ah!
sì! Ah! vien,
ah! ah! vien d'appresso a me,
ah! ah!
vien ah! vien d'appresso a me ah!
ah! vien ah! vien,
d'appresso a me. ah! sì! ah!
vien, ah! vien, ah!
vien d'appresso
a me; ah! vien, ah! sì, ah!
vien, ah! vien!

어휘 및 문법

sulle labbra : su + le labbra 입술 위에

se potessi ← potere v.intr. : ~할 수 있다면 (가정문 조건절의 형태)

dolce agg. : 달콤한

bacio s.m. : 키스, 입맞춤

darei ← dare v.tr. : (난) ~줄텐데, ~주고 싶소(가정문 결과절 형태)

direi ← dire v.tr. : (난) ~말할텐데, 말하고 싶소(가정문 결과절 형태)

dolcezze ← dolcezza s.f. : 달콤함

sempre avv. : 항상

assisa ← assiso p.p./agg. ← assidere v.tr. : ~(곁에) 앉은

appresso avv. : ~곁에

mille agg. : 1000의, 다수의, 많은

gaudi ← gaudio s.m. : 환희들, 쾌락들

palpiti ← palpito s.m. : 감동들, 격정들, 설레임들

udirei ← udire v.tr. : (난) ~를 듣고싶어라 -> 文法*조건법현재(N. 13)

rispondono ← rispondere v.tr. : (감동들이) 응답한다

al mio cor : 내 마음에

gemme ← gemma s.f. : 보석들

perle ← perla s.f. : 진주들

desio ← desiderare v.tr. : (난) ~를 원하오

vaga ← vago agg. : 막연한, 불확실한, 몽롱한, (마음이) 흔들리는

altro agg. : 다른 (사람의)

affetto s.m. : 애정

sguardo s.m. : 시선

diletto s.m. : 기쁨

tesor(o) s.m. : 보물

vieni ← venire v.intr. : (너) 이리 와라!

tardare v.intr. : 늦다

ebbrezza s.f. : 도취

amplesso s.m. : 포옹, 性交

viva ← vivere v.intr. : 살다(접속법현재 1인칭 단수)

sol d'amor : 사랑으로만

바로 이해하며 노래부르기

Sulle, sulle labbra, sulle labbra, se potessi,
위에, 입술 위에,   입술 위에,   내가 할 수 있다면

IL BACIO

dolce   un bacio ti   darei,   dolce   un bacio
감미로운 입맞춤을 그대에게 주고 싶소, 감미로운 입맞춤을

ti   darei. / Tutte,
그대에게 주고 싶소. 모두,

tutte ti   direi   le dolcezze dell'mor
모두 그대에게 주고 싶소 사랑의 달콤함을

ah, tutte le dolcezze dell'mor. / Sempre, sempre assisa, sempre
아, 모든 사랑의 달콤함을.   항상,   늘   있소, 항상

assisa a te d'appresso, mille gaudi   ti   direi,
있소 그대의 곁에,   많은 환희들을 그대에게 주고 싶소,

mille gaudi   ti   direi. /
많은 환희들을 그대에게 주고 싶소.

Ed   i palpiti udirei
그리고 설레임을 난 듣고 싶소

che rispondono   al mio cor, ed i palpiti
다가오는   내 마음에,   또 설레임을

udirei   che rispondono al mio cor. /
듣고 싶소 다가오는   내 마음에.

Gemme e perle
보석들과 진주들을

non desio,   non son vaga
난 원치 않소, 난 흔들리지 않소

d'altro affetto; /
다른 사람의 애정으로.

un tuo sguardo è il mio diletto, un tuo bacio,
그대의 시선은   나의 기쁨이오,   그대의 입맞춤,

un tuo bacio è il mio, il mio tesor,
그대의 입맞춤은 나의, 나의 보물,

il mio tesor. / Vieni ah!
나의 보물이라오. 이리 오라 아!

vien! più non tardare, vieni, ah vieni
오라! 더 늦지 말아다오, 오라, 아 오라

vieni a me vien d'appresso, ah!
오라 내게 오라 곁에, 아!

vieni a me. /
오라 내게.

Ah! Ah!
아! 아!

vien nell'ebbrezza
오라 포옹 속으로

d'un amplesso ch'io
도취의 나

viva, ch'io viva sol d'amor. /
살아가리 나 살아가리 사랑으로만.

Sulle, sulle labbra, sulle labbra, se potessi,
위에, 입술 위에, 입술 위에, 내가 할 수 있다면,

dolce un bacio ti darei, dolce
감미로운 입맞춤을 그대에게 주고 싶소, 감미로운

un bacio ti darei. / Ah!
입맞춤을 그대에게 주고 싶소. 아!

sì! Ah! vien,
그토록! 아! 오라,

IL BACIO

ah! ah! vien d'appresso a me,
아! 아! 오라 내 곁으로,

ah! ah!
아! 아!

vien ah! vien d'appresso a me ah!
오라 아! 오라 내 곁으로   아!

ah! vien ah! vien,
아! 오라 아! 오라,

d'appresso a me, ah! sì!   ah!
내 곁으로,   아! 그토록! 아!

vien, ah! vien, ah!
오라, 아! 오라, 아!

vien d'appresso a me; /
오라 내 곁으로.

ah! vien, ah! sì,   ah!
아! 오라, 아! 그토록, 아!

vien, ah! vien! /
오라, 아! 오라!

노래 해설

(1) se potessi, dolce un bacio ti darei,

* 'se + 접속법 불완료과거, 조건법 현재' 는 가능성을 지니는 가정문의 기본형.

* potessi는 동사 potere의 접속법불완료과거형, darei는 동사 dare의 조건법현재형

* ti darei un bacio dolce의 도치형.
(2) Tutte, tutte ti direi le dolcezze dell'amor
　　 * ti direi tutte le dolcezze dell'amor의 도치형.
　　 * tutte le dolcezze : 모든 달콤함들
(3) assisa a te d'appresso,
　　 * assissa d'appresso a te의 도치형.
(4) i palpiti udirei che rispondono al mio cor,
　　 * udirei i palpiti che rispondono al mio cor의 도치형으로서 rispondono의 주어는 i palpiti이다.
(5) vien! più non tardare,
　　 * non tardare più의 도치형으로 tu에 대한 부정명령형.

회화 한마디

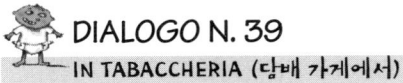

DIALOGO N. 39
IN TABACCHERIA (담배 가게에서)

A: Desidera?
　 뭘 드릴까요?

B: Vorrei un pacchetto di sigarette e una scatola di fiammiferi.
　 담배 한 갑하고 성냥 한 통 주세요.

A: Che marca di sigarette vuole?
　 어떤 담배를 원하시나요?

B: Non so. Non sono per me.
　 Mi dia le più leggere.
　 모르겠어요. 제것이 아니라서.

IL BACIO

가장 순한 것으로 주세요.

A: Queste andranno bene.
   Ecco i fiammiferi. Nient'altro?
   이 담배가 좋을 겁니다.
   여기 성냥있습니다. 다른 것은 안 필요하시구요?

B: No, grazie. Va bene così.
   됐습니다. 고마워요.

DIALOGO N. 40
IN TABACCHERIA (담배 가게에서)

A: Per favore, vai dal tabaccaio per me?
   부탁인데, 나를 위해 담배가게에 가줄래?

B: Sì, dimmi che cosa ti serve.
   그래, 뭐가 필요한지 내게 말해 줘.

A: Compera un francobollo da ottocento lire e spedisci questa lettera!
   800리라 짜리 우표 한 장 사서 이 편지를 부쳐 줘!

B: D'accordo! Ora vado.
   알았어! 지금 갈게.

A: Fai presto, corri! Il tabaccaio sta per chiudere il negozio!
   빨리 해, 뛰어라! 담배 가게 주인은 지금 막 상점을 닫으려 한다!

26. AVE MARIA

아베 마리아

L. Luzzi (1828-1876)

AVE MARIA

AVE MARIA

AVE MARIA

노래가사

Ave, Maria, piena di
grazie. (1) <u>Il Signor è teco</u>;
tu sei benedetta fra le donne; Tu sei benedetta fra le
donne; E (2) <u>benedetto il frutto del ventre tuo</u>,
Gesù.
Maria, Maria,
Ave, Maria,
piena di grazie, Ave.
Santa Maria, Madre di Dio,
prega per noi peccatori,
peccatori, adesso e
nell'ora della nostra morte della nostra morte.
Maria, Maria,
prega per noi, adesso e
nell'ora della nostra morte.
Maria, Maria, prega per
noi, Maria. Amen.

어휘 및 문법

piena di : ~로 가득한
grazie ← grazia s.f. : 자비, 은총, 은혜
Signor(e) : 주님

teco = con + te : 너와 함께

benedetta ← benedetto agg. : 축복 받은, 성스러운, 신성한

fra le donne : 여인들 중에

frutto s.m. : 사랑의 결실

ventre s.m. : 모태(母胎)

Gesù : 예수

Santa Maria : 성모 마리아

Madre di Dio : 예수의 어머니

prega ← pregare v.tr. : 기도해 주소서!

peccatori ← peccatore s.m. : 죄인들

adesso avv. : 지금

ora s.f. : 시간, 때

morte s.f. : 죽음

바로 이해하며 노래부르기

Ave, Maria, piena di
아베, 마리아, 가득한

grazie. / Il Signor è teco; /
은총으로. 주는 계시네 그대와 함께.

tu sei benedetta fra le donne; / Tu sei benedetta fra le donne; /
그대는 복 있는 자요 여인들 중에. 그대는 복 있는 자요 여인들 중에.

E benedetto il frutto del ventre tuo,
또한 복되다오 (사랑의) 결실은 그대가 잉태하신,

AVE MARIA

Gesù. /
예수라오.

Maria, Maria,
마리아, 마리아,

Ave, Maria,
아베, 마리아,

piena di grazie, Ave. /
가득한 은총으로, 아베,

Santa Maria, Madre di Dio,
성스런 마리아, 주님의 어머니,

prega per noi peccatori,
기도하소서 우리 죄인들을 위해,

peccatori, adesso e
죄인들을, 지금부터 그리고

nell'ora della nostra morte della nostra morte. /
때까지 우리가 죽을 우리가 죽을.

Maria, Maria,
마리아, 마리아,

prega per noi, adesso e
기도하소서 우리를 위해, 지금부터 그리고

nell'ora della nostra morte. /
때까지 우리가 죽을.

Maria, Maria, prega per noi,
마리아, 마리아, 기도하소서 우리를 위해,

Maria. Amen. /
마리아, 아멘.

노래 해설

(1) Il Signor è teco;

　* Il Signor è con te로 봐야 한다.

(2) benedetto il frutto del ventre tuo, Gesù.

　* Gesù, il frutto del ventre tuo è benedetto로 다시 쓸 수 있다.

회화 한마디

 DIALOGO N. 41
DAL GIORNALAIO (신문잡지 판매점에서)

A: Scusi, ha l'ultimo numero di Airone?

　미안합니다만 잡지 '아이로네' 최근 호 있나요?

B: No, non è ancora arrivato.

　아니요. 아직 도착 안 했습니다.

A: Posso prenotarlo?

　그걸 예약할 수 있을까요?

B: Sì.

　네.

A: Mi avvisa quando arriva?

　도착하면 제게 알려 주실 거죠?

B: Certamente. E il quotidiano? Non lo vuole?

　물론입니다. 일간지는요? 필요 없으세요?

A: Ah già, che distratta! Lo stavo dimenticando.

　아, 그렇지, 더 급한 걸 잊고 있었다니!

DIALOGO N. 42
DAL GIORNALAIO (신문잡지 판매점에서)

A: Ho incontrato Anna dal giornalaio.
   Ci ha invitato a cena questa sera.
   신문 판매점에서 안나를 만났어.
   오늘 저녁 식사에 우리를 초대했어.

B: Oh, bene. Sono contento di vederla.
   E il giornale? L'hai comprato?
   와, 좋아라. 그녀를 보게 되어 기뻐.
   그런데 신문은? 사왔어?

A: Eccolo! Tieni.
   여기 있다! 가져.

B: Grazie, sei gentile.
   Voglio leggerlo prima di uscire.
   고마워, 넌 친절해.
   외출 전에 신문을 읽고 싶어.

A: Non dimenticare che alle 10 devi essere dal medico.
   10시에 병원에 가야하는 거 잊지 말아라!

B: Non aver paura, sarò puntuale.
   걱정 말아라, 시간 약속 지킬게.

DIALOGO N. 43
DAL SALUMIERE (식품점에서)

A: A chi tocca?
   어느 분 차례죠?

B: A me, grazie.

접니다, 고맙습니다.

A: Che cosa desidera?
뭘 드릴까요?

B: Vorrei un etto e mezzo di prosciutto crudo.
Qual è il tipo più dolce?
숙성시킨 프로쉬우토 150g 주세요.
가장 부드러운 것은 어떤 겁니까?

A: Questo di San Daniele.
싼 다니엘 회사 것입니다.

B: Lo può tagliare a fettine sottili?
얇게 썰어 주실 수 있죠?

A: Certo. Le serve qualcos'altro?
물론이죠. 다른 것 필요하세요?

B: Sì, tre etti di formaggio grana, un vasetto di olive verdi e una scatola di pomodori pelati.
네, 파르마산 치즈 300g, 그린 올리브유 한 병 그리고 껍질 벗긴 토마토 한 상자 주세요.

A: Ecco fatto... e poi?
여기 다 준비했습니다. 그리고?

B: Basta così, grazie.
됐습니다. 고맙습니다.

A: Questo è il suo conto.
Per pagare si accomodi pure alla cassa. Buongiorno.
계산서입니다.
계산대에 가셔서 지불하세요. 안녕히 가세요.

27. NON E' VER?

거짓인가요?
Titto Mattei (1841-1914)

NON È VER?

NON E' VER?

> 노래가사

(1) <u>Non è ver</u>? (2) <u>Quando assiso
a te vicin ti parlai ben mio d'amor,</u>
(3) <u>ti ricordi angel divin,
Palpitaro i nostri cor</u>?
Quando assiso a te vicin
ti parlai ben mio d'amor,
Ah! No, non è ver! no, no,
No non è ver! no, no! Ti ricordi
angel divin,
Palpitaro i nostri cor?
No, non è ver! Ah! (4) <u>Tu dicesti ti sovvien</u>?
(5) <u>Per la vita io t'amerò</u>! Ma
(6) <u>mentisti indegna appien, non fu il cor che tel detto</u>.
Tu dicesti
ti sovvien?
Per la vita io t'amerò! Ah!
no non è ver! Ah! no,
no, non è ver! no, no,
ma mentisti indegna appien,
non fu il cor che tel detto.
No, non è ver!
No, non è ver!

어휘 및 문법

ver(o) agg. : 옳은

assiso p.p./agg. ← assidere v.tr. : ~(곁에) 앉은

vicin(o) a : ~곁에

parlai ← parlare v.tr. : (나는) ~를 말했다 → 文法*원과거(N. 42)

ti ricordi ← ricordarsi v.rifl. : (넌) 기억한다

angel(o) s.m. : 천사

divin(o) agg. : 신성한

palpitaro(no) ← palpitare v.intr. : (심장이) 고동쳤다, 설레었다(원과거 3인칭복수)

dicesti ← dire v.tr. : (네가) 말했다 → 文法*원과거(N.42)

ti sovvien(i) ← sovvenirsi v.rifl. : (너) 기억하니

t'amerò = ti amerò ← amare v.tr. : 널 사랑하리

mentisti ← mentire v.intr. : (넌) 거짓말했네(원과거 2인칭복수)

indegna ← indegno agg. : 가치 없는, 부적절한, 파렴치한

appien(o) avv. : 충분히, 완전히, 가득히

detto p.p. ← dire v.tr. : 말했다

바로 이해하며 노래부르기

Non è ver? Quando assiso
거짓인가요? 내가 있을 때

a te vicin ti   parlai ben mio d'amor, /
그대 곁에 그대에게 난 잘 말했소 내 사랑에 대해,

NON E' VER?

ti ricordi   angel divin, /
기억하나요 신성한 천사여,

Palpitaro   i nostri cor? /
설레었나요 우리들 마음이?

Quando assiso a te vicin
내가 있을 때   그대 곁에

ti   parlai   ben mio d'amor. /
그대에게 난 말했소 잘 내 사랑에 대해.

Ah! No,   non è ver! no, no,
아! 아니오,   거짓이오! 아니, 아니오,

No,   non è ver! no, no! / Ti ricordi
아니오, 거짓이오! 아니, 아니오! 기억하나요

angel divin, /
신성한 천사여,

Palpitaro   i nostri cor?
설레었나요 우리들 마음이?

No,   non è ver! Ah! Tu   dicesti, ti sovvien? /
아니오, 거짓이오! 아! 그대는 말했소 기억하오?

Per la vita io t'amerò! /   Ma
평생   난 그대를 사랑하리라고! 그런데

mentisti   indegna   appien, non fu il cor   che tel
그대는 거짓말했소 파렴치하게 정말로 (진정한) 마음이 아니었소

detto. /
그대가 한 말은

Tu dicesti
그대는 말했소

ti sovvien?
기억하오?

Per la vita io t'amerò! /   Ah!
평생   난 그대를 사랑하리라고! 아!

no,   non è ver! Ah! no,
아니오, 거짓이오! 아! 아니오,

no,   non è ver! no, no,
아니오, 거짓이오! 아니, 아니오,

ma   mentisti   indegna   appien,
그런데 그대는 거짓말했소 파렴치하게 정말로,

non fu il cor   che tel detto.
(진정한) 마음이 아니었소 그대가 한 말은.

No,   non è ver!
아니오, 거짓이오!

No,   non è ver!
아니오, 거짓이오!

노래 해설

(1) Non è ver(o)?

* 여러 가지로 의미 해석할 수 있으나 거짓 사랑을 말한 님에게 '거짓이오?' 라고 묻는 표현이라고 봐야 한다.

(2) Quando assiso a te vicin(o) ti parlai ben mio d'amor,

* vicino a te의 도치형

* parlai는 동사 parlare의 원과거1인칭단수

NON È VER?

* mio d'amor = di mio amore : 내 사랑에 대해

(3) ti ricordi angel divin, Palpitaro i nostri cor?

* 상대방을 angel divin(o)로 칭하고 있다.
* palpitaro는 동사 palpitare의 원과거3인칭복수. 주어는 물론 i nostri cor이다.

(4) Tu dicesti ti sovvien?

* dicesti는 동사 dire의 원과거2인칭단수
* ti sovvien? : 기억하나요?

(5) Per la vita io t'amerò!

* io ti amerò에서 amerò는 동사 amare의 미래1인칭단수형.

(6) mentisti indegna appien, non fu il cor che tel detto.

* mentisti는 동사 mentire의 원과거2인칭단수형.
* fu는 동사 essere의 원과거3인칭단수로서 주어는 il cor.
* tel detto = tu mi hai detto

회화 한마디

DIALOGO N. 44
IN QUESTURA (경찰서에서)

A: Dica, signore, sto chiamando lei!
말씀하세요, 손님, 당신을 지금 부르고 있습니다!

B: Ah... me? Scusi, ero distratto...
Vorrei rinnovare il mio permesso di soggiorno.
아... 저 말입니까? 미안합니다. 제가 산만했어요...
체류허가를 갱신하고 싶은데요.

A: Per quale motivo è in Italia?
어떤 동기로 이탈리아에 머무시는 건가요?

B: Sono venuto per turismo, ma adesso resto per motivi di lavoro.
관광 목적으로 왔지만, 지금은 일 때문에 머물고 있습니다.

A: Lavora in regola? Ha i documenti a posto?
정규직으로 일하시나요? 해당 서류들을 갖고 계신가요?

B: Sì. E vorrei far venire anche mia moglie.
네. 그런데 제 아내도 오게 하고 싶은데요.

A: Allora deve fare richiesta di ricongiunzione familiare.
그러시면 가족 재결합 신청을 하셔야 합니다.

B: Quanto dovrò aspettare?
얼마나 기다려야 하죠?

A: Per il suo permesso le rilascio la ricevuta. Torni fra venti giorni.
Per sua moglie la pratica è più lunga.
당신의 체류허가 접수 영수증을 발급합니다. 20일 후에 오세요.
부인을 위한 서류는 시간이 더 걸립니다.

DIALOGO N. 45
ALL'AUTOSALONE (자동차 영업소)

A: Ho visto in esposizione una macchina rossa di seconda mano.
전시장에서 빨간색 중고 자동차를 한대 보았습니다.

B: Certo. É una vera occasione.
Ha avuto un solo proprietario e ha fatto

NON E' VER?

quarantacinquemila chilometri.

Vuole vederla?

그러세요. 정말 좋은 기회입니다.

그 차량 소유주는 단 한 사람이었으며 주행거리는 45.000km입니다.

그 차를 보고 싶으세요?

A: Sì, grazie.

네, 고맙습니다.

B: Guardi! è in ottime condizioni.

보세요! 최상의 조건입니다.

A: Posso pagare a rate?

할부로 지불할 수 있나요?

B: Sì, può scegliere di pagare in dieci o venti rate mensili. Naturalmente cambia il tasso d'interesse.

네, 10개월, 20개월 할부 중 선택하실 수 있습니다.

물론 이자율은 다르겠죠.

A: La ringrazio. Vorrei pensarci e tornare con mio marito.

감사드립니다. 생각해 보고 제 남편과 함께 오겠습니다.

28. APRILE

4月

Francesco Paolo Tosti (1846-1916)

APRILE

APRILE

APRILE

노래가사

(1) <u>Non senti tu ne l'aria il profumo che spande Primavera</u>? (2) <u>Non senti tu ne l'anima</u> il suon di nova voce lusinghiera?
Non senti tu ne l'aria il profumo che spande Primavera? Non senti tu ne l'anima il suon di nova voce lusinghiera? è l'April!
è l'April! è la stagion d'amore!
Deh! vieni o mia gentile, (3) <u>su'prat'in fiore</u>! è l'April!
è l'April! è l'April.
(4) <u>Il piè trarrai fra mammole,</u>
avrai su'l petto rose e cilestrine, e (5) <u>le farfalle candide t'aleggeranno intorno a'l nero crine.</u>
Il pie' trarrai fra mammole,
avrai su'l petto rose e cilestrine, e le farfalle candide t'aleggeranno intorno a'l nero crine.
è l'April! è l'April! è la stagion d'amore!
Deh! vieni, o mia gentil, <u>su'prat'in fiore</u>!
è l'April è l'April!
è l'April!

어휘 및 문법

senti ← sentire v.tr. : (넌) 느낀다

aria s.f. : 공기

profumo s.m. : 향기

spande ← spandere v.tr. : 발산시킨다, 뿜어낸다

primavera s.f. : 봄

anima s.f. : 영혼

suon(o) s.m. : 소리

n(u)ova ← nuovo agg. : 새로운

voce s.f. : 목소리

lusinghiera ← lusinghiero agg. : 만족스러운, 기쁜

stagion(e) s.f. : 계절

deh : (원망, 탄식을 표현할 때) 아!

vieni ← venire v.intr. : (너) 오라!

gentil(e) agg. : 친절한 (사람)

su'prati= sui prati : 들판 위에

in fiore : 꽃이 핀

piè = piede s.m. : 다리(足)

trarrai ← trarre v.tr. : (넌) 이끌 것이다,

fra ~ : ~사이에

mammole ← mammola s.f. : 제비꽃들

avrai ← avere v.tr. : (넌) ~를 갖게 될 것이다

su'l petto = sul petto : 가슴 위에

rose ← rosa s.f. : 장미들

cilestrine ← cilestrino agg. : 하늘색의, 담청색의

farfalle ← farfalla s.f. : 나비들

candide ← candido agg. : 순결한

t'aleggeranno = ti aleggeranno ← aleggiare v.intr. : (나비들이) 펄럭일 것이다

APRILE

intorno a ~ : ~ 주위에

crine s.m. : 머리카락

바로 이해하며 노래부르기

Non senti   tu   ne l'aria   il profumo che
느끼지 않는가 그대 대기 속에서 향기를

spande   Primavera? / Non senti   tu   ne l'anima
내뿜는   봄이?   느끼지 않는가 그대 영혼 속에서

il suon   di nova voce lusinghiera? /
음성을   새로운 기쁜 목소리의?

Non senti   tu   ne l'aria   il profumo che
느끼지 않는가 그대 대기 속에서 향기를

spande   Primavera? / Non senti   tu   ne l'anima
내뿜는   봄이?   느끼지 않는가 그대 영혼 속에서

il suon   di nova voce lusinghiera? / è l'April!
음성을   새로운 기쁜 목소리의?   4월이라네!

è l'April! / è la stagion d'amore! /
4월이라!   사랑의 계절이라네!

Deh! vieni, o   mia gentil,   su'prat'in fiore! è l'April!
아! 오라, 오 나의 친절한 사람아,   들판으로 꽃이 핀! 4월이라네!

è l'April! è l'April. /
4월이라네! 4월.

Il piè   trarrai   fra mammole,
다리를 그대는 이끌 것이리라 제비꽃 사이로,

avrai   su'l petto   rose e cilestrine, e   le farfalle candide
그대는 달 것이라네 가슴에   담청색의 장미를, 그리고 순결한 나비들이

t'aleggeranno   intorno a'l nero crine. /
펄럭거리리라 주위에서   그대의 검은머리의.

Il pie' trarrai   fra mammole,
다리를 그대는 이끌 것이리라   제비꽃 사이로,

avrai   su'l petto   rose e cilestrine, e   le farfalle candide
그대는 달 것이라네 가슴에   담청색의 장미를, 그리고   순결한 나비들이

t'aleggeranno   intorno a'l nero crine. /
펄럭거리리라 주위에서   그대의 검은머리의.

è l'April! è l'April! è la stagion d'amore! /
4월이라네! 4월이라! 사랑의 계절이라네!

Deh! vieni, o mia gentil,   su'prat'in fiore! /
아! 오라, 오 나의 친절한 사람아, 들판으로 꽃이 핀!

è l'April è l'April!
4월이라네 4월이라!

è l'April! /
4월이라네!

노래 해설

(1) Non senti tu ne l'aria il profumo che spande Primavera?

* ne l'aria = nell'aria : in + l'aria. 대기 속에서

* spande의 주어는 Primavera.

* senti의 목적어는 il profumo.

APRILE

(2) Non senti tu ne l'anima

　　* ne l'anima = nell'anima : in + l'anima. 영혼 속에서

(3) su'prat'in fiore!

　　* sui prati in fiore의 축약형.

(4) Il piè trarrai fra mammole,

　　* trarrai는 trarre의 미래2인칭단수형이므로 주어는 tu. 자연히 il piè는 목적어가 된다.

(5) le farfalle candide t'aleggeranno intorno a'l nero crine.

　　* le farfalle candide ti aleggeranno intorno al nero crine로 다시 쓸 수 있는데, ti와 il nero crine가 연관되어 '그대의 검은머리' 라는 의미를 지닌다.

회화 한마디

DIALOGO N. 46
PAGARE I SERVIZI (공과금 내기)

A: Paul, è arrivata la bolletta del telefono!
　　폴, 전화요금 고지서 왔어!

B: Ah, sì? E quanto dobbiamo pagare?
　　아, 그러니? 얼마를 내야 하는데?

A: Duecentonovantamila lire!
　　290,000 리라!

B: E' una cifra troppo alta per noi!
　　Qual è la scadenza per il pagamento?
　　우리로서는 너무 많은 액수구나!
　　납기는 언제인데?

A: Il 17 maggio.

5월 17일.

B: Beh, d'ora in poi, Mary, cerchiamo di fare meno telefonate!

에, 다음부터는, 메리야, 전화 통화를 적게 하도록 노력하자!

DIALOGO N. 47
PAGARE I SERVIZI (공과금 내기)

A: Sara, guarda questa lettera!

사라, 이 편지 봐라!

B: Che cos'è, Roberto?

뭔데, 로베르토?

A: E' un avviso dell'azienda del gas.

Dice che non abbiamo pagato la bolletta del mese scorso.

가스 회사의 통지문이야.

지난 달 가스요금을 우리가 지불하지 않았다는 거야.

B: Possibile?

그럴 수가?

A: Eh, sì, ci siamo dimenticati.

Adesso dovremo pagare gli interessi di mora.

그런데, 맞아, 우리가 깜빡했어.

이제 우린 연체이자를 내야 할거야.

B: Che cosa sono?

그게 뭔데?

A: Una multa per il ritardo nel pagamento.

늦게 지불한 것에 대한 벌금이지.

29. IDEALE

理想

Francesco Paolo Tosti (1846-1916)

IDEALE

IDEALE

노래가사

(1) <u>Io ti seguii com'iride di pace lungo le vie del cielo</u>: /
(2) <u>Io ti seguii come un'amica face de la notte nel velo</u>. /
E (3) <u>ti sentii ne la luce, ne l'aria, nel profumo dei fiori</u>:
E (4) <u>fu piena la stanza solitaria, dite, dei tuoi splendori</u>.
(5) <u>In te rapito, al suon de la tua voce langamente sognai</u>; E (6) de la terra ogni affanno, ogni croce in quel giorno scordai.
Torna, caro ideal, torna un istante! (7) <u>Assorridermi ancora!</u>
E (8) <u>a me risplenderà nel tuo sembiante una novell'aurora</u>, una novell'aurora.
Torna, caro ideal, torna, torna!

어휘 및 문법

seguii ← seguire v.tr. : (난) ~를 뒤따랐네 → 文法*원과거(N. 42)

com'iride = come iride : 무지개처럼

pace s.f. : 평화

lungo ~ : ~를 따라

le vie del cielo : 하늘의 길

face = fa (← fare v.tr.) nel velo : (그녀가) 면사포 속에 숨는다

de la notte = della notte : 밤새

luce s.f. : 빛

aria s.f. : 대기, 공기

profumo s.m. : 향기

IDEALE

dei fiori = di + i fiori : 꽃들의

fu ← essere v.intr. : ~였다 → 文法 * 원과거(N. 42)

piena ← pieno agg. : 가득한

stanza s.f. : 방

solitaria ← solitario agg. : 고독한

dite ← dire v.tr. : 말해보라!(명령형)

dei tuoi splendori : 그대의 화려함으로

rapito p.p./agg. ← rapire v.tr. : 유혹된, 매료된

al suon(o) : ~의 소리에

de la tua voce = della tua voce : 그대 목소리의

langamente = lungamente avv. : 길게, 오랫동안

sognai ← sognare v.tr. : (난) 꿈꾸었네 → 文法 * 원과거(N. 42)

de la terra = della terra : 이 땅의, 이 세상의

ogni affanno s.m. : 모든 고통

ogni croce s.f. : 모든 십자가

in quel giorno : 그 날

scordai ← scordare v.tr. : (난) ~를 잊었네 (= dimenticare) → 文法 * 원과거(N. 42)

torna ← tornare v.intr. : 돌아오라!(명령형)

caro ideal(e) : 사랑하는 (나의) 이상이여!

istante s.m. : 순간, 잠시

assorridermi = assorrider(e) v.tr. + mi : 날 미소짓게 하라!(명령형)

ancora avv. : 다시

a me : 나에게

risplenderà ← risplendere v.intr. : 빛이 비치리라 (미래)

nel tuo sembiante : 너의 얼굴에도

novell'aurora = nuova aurora : 새로운 서광(曙光)

바로 이해하며 노래부르기

Io ti seguii com'iride di pace lungo le vie del cielo: /
난 그대를 따랐네 평화의 무지개처럼 따라 하늘의 길을.

Io ti seguii come un'amica face de la notte nel velo. /
난 그대를 따랐네 한 여자친구가 숨어있듯이 밤새 면사포 속에.

E ti sentii ne la luce, ne l'aria, nel profumo dei fiori: /
그리고 그대를 난 느꼈네 빛 속에서, 대기 속에서, 꽃의 향기 속에서.

E fu piena la stanza solitaria, dite, dei tuoi splendori. /
꽉 차있었네 고독한 그 방은, 말해보라, 그대의 화려함으로.

In te rapito, al suon de la tua voce langamente,
그대에게 (난) 매혹되어, 그대의 목소리의 음성에 (매혹되어) 오랫동안 난

sognai; /
꿈꾸었네.

E de la terra ogni affanno, ogni croce in quel giorno
그리고 이 세상의 모든 고통, 모든 십자가를 그 날 난

scordai. /
잊었다네.

Torna, caro ideal, torna un istante! / Assorridermi
돌아 오라, 나의 이상이여, 돌아 오라 잠시만이라도! 날 미소짓게 하오

ancora! /
다시!

IDEALE

E a me risplenderà nel tuo sembiante una novell'aurora,
그리고 나에게 다시 비치리라 그대의 얼굴에도 새로운 서광이,

una novell'aurora. /
새로운 서광이.

Torna, caro ideal, torna, torna! /
돌아 오라, 사랑하는 나의 이상이여, 돌아 오라, 돌아와!

노래 해설

(1) Io ti seguii com'iride di pace lungo le vie del cielo:
  * ti : 너를
  * seguii는 동사 seguire의 원과거단수1인칭 → 文法 * 원과거(N. 42)
  * come iride di pace : 평화의 무지개처럼
  * lungo ~ : ~를 따라서

(2) Io ti seguii come un'amica face de la notte nel velo.
  * un'amica face nel velo della notte로 다시 쓸 수 있는데, face nel velo는 '면사포 속에 숨는다' 라는 의미를 나타낸다.

(3) ti sentii ne la luce, ne l'aria, nel profumo dei fiori:
  * ne la luce = nella luce : 빛 속에서
  * ne l'aria = nell'aria : 대기 속에서

(4) fu piena la stanza solitaria, dite, dei tuoi splendori.
  * la stanza solitaria fu piena dei tuoi splendori의 도치형태.
  * fu piena di ~ : ~로 가득 차 있었다(원과거)

(5) In te rapito, al suon de la tua voce langamente sognai;
  * de la tua voce = della tua voce

* rapito는 동사 rapire의 과거분사형으로서 '매료된, 매혹된'.
* 여기서 내가 매혹된 원인은 두 가지, in te (너에게서)와 al suon(o) della tua voce (그대 목소리).
* 이 문장의 주어는 io이고 동사는 sognai (sognare의 원과거단수1인칭).

(6) de la terra ogni affanno, ogni croce in quel giorno scordai.
* ogni affano, ogni croce della terra scordai in quel giorno의 도치형.
* 주어는 io이고 동사는 scordai (scordare의 원과거단수1인칭).

(7) Assorridermi ancora!
* tu에 대한 명령형.
* assorrider(e) + mi : 미소짓게 하라 + 나를

(8) a me risplenderà nel tuo sembiante una novell'aurora,
* a me : 나에게
* nel tuo sembiante : 그대의 얼굴에
* risplenderà는 risplendere의 미래3인칭단수. 주어는 una novell'aurora.

회화 한마디

 DIALOGO N. 48
IN UN NEGOZIO DI ABBIGLIAMENTO (의류점에서)

A: Prego, desidera?
　어서 오세요, 뭘 원하십니까?

B: Vorrei provare una gonna come quella in vetrina.

IDEALE

쇼윈도우에 있는 그것과 같은 스커트를 입어보고 싶은데요.

A: Questa?

이것입니까?

B: No, quell'altra.

아니요, 저것인데요.

A: Che taglia porta?

치수는 얼마입니까?

B: La taglia quarantasei.

46 사이즈입니다.

A: Ecco, guardi... questa gonna è rossa come quella vetrina, questa invece ha la stessa linea, ma è di tessuto fantasia. Quale preferisce?

자, 보세요... 이 스커트는 쇼윈도우에 있는 것과 같은 빨간색이며, 같은 스타일이지만, 환상적인 직물로 만들어졌습니다. 어떤 것을 더 좋아하세요?

B: Quella rossa. Posso provarla?

빨간색의 그것으로 하겠습니다. 입어볼 수 있죠?

A: Sì, là c'è il camerino.

그럼요, 저쪽에 탈의실이 있습니다.

DIALOGO N. 49
IN UN NEGOZIO DI ABBIGLIAMENTO (의류점에서)

A: La gonna mi va bene, ma vorrei anche una camicetta.

스커트가 제게 어울리네요. 셔츠도 하나 사고 싶어요.

B: Preferisce questa a fiori o questa gialla?

꽃무늬와 노란색 셔츠 중 어느 것을 더 좋아하세요?

A: Ho già una camicetta come questa a fiori. Vorrei cambiare un po'.
꽃무늬 셔츠는 이미 갖고 있으니까 좀 바꿔보고 싶어요.

B: Allora prenda quella gialla.
그럼 노란색 셔츠를 사세요.

A: Va bene. Quanto costa?
좋아요. 얼마죠?

B: Cinquantacinquemila lire.
55,000리라입니다.

A: è un po cara. Vorrei spendere meno.
좀 비싸군요. 싸게 주세요

B: Mi dispiace, ma non abbiamo camicette a prezzo inferiore. Se vuole aspettare, tra quindici giorni ci sono i saldi di fine stagione.
미안합니다만, 더 낮은 가격의 셔츠는 없습니다.
기다리시겠다면, 15일 후에 계절을 마감하는 세일이 있습니다.

A: Bene, allora aspetto.
좋아요, 그럼 기다리죠.

30. L'ULTIMA CANZONE

最後의 노래
Francesco Paolo Tosti (1846-1916)

L'ULTIMA CANZONE

L'ULTIMA CANZONE

L'ULTIMA CANZONE

〈중략〉

L'ULTIMA CANZONE

노래가사

(1) <u>M'han detto che domani, Nina, vi fate sposa</u>. Ed io vi canto ancor la serenata!
Là, nei deserti piani, là,
ne la valle ombrosa, Oh (2) <u>quante volte a voi l'ho ricantata</u>!
Oh quante volte a voi l'ho ricantata!
Foglia di rosa, o
fiore d'amaranto, (3) <u>Se ti fai sposa, io ti sto sempre accanto,</u>
Se ti fai sposa, io ti sto sempre accanto,
Foglia di rosa.
(4) <u>Domani avrete intorno Feste sorrisi e fiori.</u>
(5) <u>Nè penserete ai nostri vecchi amori.</u>
Ma sempre, notte e giorno,
(6) <u>piena di passione verrà, gemendo a voi la mia canzone,</u>
verrà gemendo
la mia canzone:
"Foglia di menta, O fiore di granato,
Nina, rammenta i baci che t'ho dato!
Nina, rammenta i baci che t'ho dato.
Foglia di menta!". Ah!

어휘 및 문법

m'han detto = mi hanno detto : 내게 (사람들이) 말했어 → 文法*원과거(N. 8)

domani avv. : 내일

vi fate sposa ← farsi sposa : (당신은) 신부가 된다

ed = e

canto ← cantare v.tr. : (난) 노래부른다

ancor(a) avv. : 다시, 또

serenata s.f. : 小夜曲, 세레나데

là avv. : 거기에, 저기에

deserti ← deserto agg. : 공허한, 황량한

piani ← piano s.m. : 들판

ne la valle = nella valle : 계곡에서, 골짜기에서

ombrosa ← ombroso agg. : 그늘 진

quante volte : 얼마나 많이, 몇 번

l'ho ricantata = la ho ricantata ← ricantare v.tr. : 난 그것(세레나데)을 재차 불렀다

foglia s.f. : 잎사귀

amaranto s.m. : 아마란사스 (꽃)

ti fai sposa ← farsi sposa : 그대는 신부가 된다

accanto avv. : ~의 곁에, ~ 옆에

avrete ← avere v.tr. : (당신은) ~를 갖게 되리라(미래)

intorno avv. : 주위에, 사방에, 둘레에

feste ← festa s.f. : 잔치, 파티

sorrisi ← sorroso s.m. : 미소

nè : 부정어 (문두에 위치하면서 부정의 의미를 부여)

L'ULTIMA CANZONE

penserete ← pensare v.intr. : (당신은) ~에 대해 생각하리(미래)

ai nostri vecchi amori : 우리들의 옛사랑에 대해

notte e giorno : 밤낮없이, 항상, 늘

piena di passione : 열정으로 가득 찬

verrà ← venire v.intr. : (나의 노래가) 가리라(미래)

gemendo ← gemere v.intr. : 신음하면서, 슬퍼하면서, 한탄하면서 → 文法*동명사(N. 44)

canzone s.f. : 노래

foglia s.f. : 잎사귀

menta s.f. : 박하

granato s.m. : 석류

rammenta ← rammentare v.tr. : 기억하라!(명령형)

baci ← bacio s.m. : 키스들, 입맞춤들

t'ho dato = ti ho dato ← dare v.tr. : (내가) 너에게 주었다

→ 文法*원과거(N. 8)

바로 이해하며 노래부르기

M'han detto   che domani, Nina, vi fate sposa. /
내게 그들이 말했소   내일,   니나, 그대가 신부 된다고.

Ed io vi canto   ancor la serenata! /
그래서 난 그대에게 노래 부르오 다시 세레나데를!

Là, nei deserti piani, là,
거기, 황량한 들판에서, 거기서,

ne la valle ombrosa, Oh quante volte a voi l'ho ricantata! /
그늘 진 골짜기에서,   오 얼마나 많이 그대에게 세레나데를 불렀던지!

Oh quante volte a voi l'ho ricantata! /
오 얼마나 많이 그대에게 세레나데를 불렀던지!

Foglia di rosa, o
장미의 잎새 같은 그대여,

fiore d'amaranto, Se ti fai sposa, io
아마란사스 꽃 같은 그대여, 만약 그대가 신부 되어도, 난

ti sto sempre accanto. /
있으리 항상 그대 곁에.

Se ti fai sposa, io ti sto sempre accanto. /
만약 그대가 신부 되어도, 난 있으리 항상 그대 곁에.

Foglia di rosa. /
장미의 잎새 같은 그대여.

Domani avrete intorno feste sorrisi e fiori. /
내일 그대는 사방에 파티를 열게 될거고 웃음과 꽃들을 받으리라.

Nè penserete ai nostri vecchi amori. /
그대는 생각하지 않을 것이오 우리들의 옛사랑에 대해서.

Ma sempre, notte e giorno,
그러나 항상, 밤이나 낮이나,

piena di passione verrà, gemendo a voi la mia canzone,
열정으로 가득한 (내 노래가) 갈 것이라오, 슬퍼하면서 그대에게 내 노래가,

verrà gemendo
갈 것이라오 슬퍼하면서

la mia canzone: /
내 노래가.

"Foglia di menta, o fiore di granato,

L'ULTIMA CANZONE

"박하 잎새 같은 그대여, 석류 잎새 같은 그대여,

Nina, rammenta i baci che t'ho dato!
니나, 기억하오 입맞춤들을 그대에게 내가 준! /

Nina, rammenta   i baci   che t'ho dato.
니나, 기억하오   입맞춤들을   그대에게 내가 준!

Foglia di menta!".   Ah! /
박하 잎새 같은 그대여!. 아!

노래 해설

(1) M'han detto che domani, Nina, vi fate sposa.
   * mi hanno detto che ~ : ~라고 내게 (사람들이) 말했다 → 文法*근과거(N. 8)
   * vi fate sposa는 동사 farsi sposa의 직설법현재2인칭복수형이긴 하나 여기서는 Nina를 주어로 하고 있다.

(2) quante volte a voi l'ho ricantata!
   * l'ho rincantata는 la ho rincantata의 축약형인데, 직접대명사 la (=la serenata)가 근과거와 함께 문장을 구성할 경우 'avere + p.p.' 형태일지라도 과거분사의 어미는 그것과 일치되어야 한다. 즉, l'ho ricantato는 비문법적이다.

(3) Se ti fai sposa, io ti sto sempre accanto,
   * ti fai sposa는 farsi sposa의 직설법현재단수2인칭형태. 주어는 Nina.
   * io sto sempre accanto a te로 볼 수 있다. a te는 곧 ti로 대치될 수 있어서 동사 sto 앞으로 이동했다.
   * sto는 동사 stare (= essere)의 직설법현재1인칭단수형.

(4) Domani avrete intorno feste sorrisi e fiori.
   * Domani avrete feste, sorrisi e fiori intorno로 볼 수 있다.
   * avrete는 동사 avere의 미래2인칭복수형이나 주어는 역시 Nina이다.

(5) Nè penserete ai nostri vecchi amori.
   * nè : 동사 앞에 오면서 부정의 의미를 부여한다.
   * pensare a ~ : ~에 대해 생각하다
   * penserete는 동사 pensare의 미래2인칭복수형이나 주어는 역시 Nina 이다.

(6) piena di passione verrà, gemendo a voi la mia canzone,
   * Verrà a voi, gemendo la mia canzone piena di passione의 도치형태.
   * 주어는 la mia canzone.
   * a voi는 '그대 (니나)에게'. 詩語에서는 종종 tu를 voi로 대치하여 사용하는 경향이 있다.
   * gemendo는 동사 gemere의 동명사형태. → 文法*동명사(N. 44)
     amare → amando,
     sentire → sentendo

회화 한마디

DIALOGO N. 50
IN UN NEGOZIO DI TESSUTI (직물점에서)

A: Mi fa il conto?
계산해 주시겠어요?

B: Due metri di seta a 40.000 lire il metro, due metri di fodera a 5.000 lire il metro.

L'ULTIMA CANZONE

　　Sono 90.000 in tutto.

　　1미터에 40.000원하는 실크 2미터, 1미터에 5.000리라하는 안감 2미터.

　　모두 합해서 90.000리라입니다.

A: Eccole 100.000 lire.

　　여기 100.000리라있습니다.

B: A lei il resto e lo scontrino.

　　거스름돈과 영수증 여기 있습니다.

A: Grazie. Buongiorno.

　　고맙습니다. 안녕히 계세요.

B: Signora, ha dimenticato le 10.000 lire di resto!

　　부인, 거스름돈 10.000리라 잊고 가셨습니다.

문법 요약

✾ N.1

주격 인칭 대명사	직설법 현재			
	ESSERE(be)		**AVERE**(have)	
io	**sono**	sono	**ho**	un buon lavoro
tu	**sei**		**hai**	fretta
lui/lei	**è**		**ha**	sete
noi	**siamo**		**abbiamo**	due figli
voi	**siete**		**avete**	una bella casa
loro				

✾ N.2

주격 인칭 대명사	직설법 현재			
	CHIAMRSI(불리워지다)		**VENIRE**(오다, 가다)	
io	**mi chiamo**	Ahmed	**vengo**	da Roma
tu	**ti chiami**	Maria	**vieni**	in treno
lui/lei	**si chiama**	Guo Shuang	**viene**	domani
noi	**ci chiamiamo**	Ada e Ivo	**veniamo**	da te
voi	**vi chiamate**	Rossi	**venite**	a casa
loro	**si chiamano**	Ivonne e Lise	**vengono**	con te

✾ N.3

의문사	
COME, QUANDO, DOVE, PERCHE', QUALE, CHE, QUANTO, CHI	
Come venite a casa?	**Perché** sei in ritardo?
Come va?	**Perché** non venite con me?
Quando è nata Mariasol Fernandez?	**Qual** è il tuo paese?
Da **quando** sei a Verona?	**Che** macchina ha Tom?
Dove abitano Maria e Luisa?	**Quanti** figli hai?
Da **dove** venite?	**Chi** viene stasera?

N.4

소유 형용사			
단 수		복 수	
남 성	여 성	남 성	여 성
mio	mia	miei	mie
tuo	tua	tuoi	tue
suo	sua	suoi	sue
nostro	nostra	nostri	nostre
vostro	vosta	vostri	vostre
loro	loro	loro	loro

N.5

부정문				
io	**non**	sono	neppure	in ritardo
tu	**non**	vieni	mai	puntuale
lui/lei	**non**	mangia	neanche	la carne
noi	**non**	abbiamo	nemmeno	un po' di soldi
voi	**non**	potete	neanche	lavorare
loro	**non**	lavorano	mai	da soli

N.6

직설법현재 – 양상동사		
VOLERE(want)		
io	**voglio**	lavorare in Italia
tu	**vuoi**	avere un figlio
lui/lei	**vuole**	andare allo stadio
noi	**vogliamo**	imparare l'italiano
voi	**volete**	bere un caffè
loro	**vogliono**	fare una passeggiata

POTERE(can)		
io	**posso**	fermarmi da te
tu	**puoi**	telefonarmi domani
lui/lei	**può**	parlare italiano
noi	**possiamo**	uscire con voi
voi	**potete**	prendere l'aereo
loro	**possono**	stare tranquilli
DOVERE(must)		
io	**devo**	pagare le tasse
tu	**devi**	avere pazienza
lui/lei	**deve**	aspettare il suo turno
noi	**dobbiamo**	affrettarci
voi	**dovete**	comprare una casa
loro	**devono**	decidere subito

 N. 7

직설법현재 – 규칙활용동사		
제1활용동사 **LAVOR - ARE**(일하다)		
io	lavor - **o**	volentieri
tu	lavor - **i**	tutta la settimana
lui/lei	lavor - **a**	anche il sabato
noi	lavor - **iamo**	in inverno
voi	lavor - **ate**	troppo
loro	lavor - **ano**	duramente
제2활용동사 **PERD - ERE**(잃다, 놓친다)		
io	perd - **o**	il posto di lavoro
tu	perd - **i**	il treno
lui/lei	perd - **e**	tempo inutilmente
noi	perd - **iamo**	la scommessa

문법

voi	perd - **ete**	i documenti
loro	perd - **ono**	la testa
제3활용동사 **PART - IRE**(떠나다, 출발하다)		
io	part - **o**	l'estate prossima
tu	part - **i**	con il treno
lui/lei	part - **e**	per le ferie
noi	part - **iamo**	tutti insieme
voi	part - **ite**	in agosto
loro	part - **ono**	per Milano

N. 8

직설법 근과거 – 규칙활용동사 (동사 **AVERE**의 현재 + 타동사의 과거분사)				
제1활용동사 telefon - **are** (전화하다)	io tu	**ho** **hai**	**telefonato** **telefonato**	al medico all' ULSS
제2활용동사 ricev - **ere** (받다)	lui/lei noi	**ha** **abbiamo**	**ricevuto** **ricevuto**	un premio una lettera
제3활용동사 fin - **ire** (끝내다)	voi loro	**avete** **hanno**	**finito** **finito**	le medicine la terapia

N. 9

정관사		
남 성		
단 수	복 수	
LO	GLI	s + 자음, z, ps, gn으로 시작되는 남성명사 앞에서 lo stomaco, lo psichiatra, gli specialisti, gli zoccoli
IL	I	그 외 다른 자음으로 시작되는 남성명사 앞에서 il medico, il farmaco, i reparti, i pediatri
L'	GLI	모음으로 시작되는 남성명사 앞에서 l'infermiere, l'orecchio, gli ospedali, gli occhi
여 성		
단 수	복 수	
LA	LE	자음으로 시작되는 여성명사 앞에서 la farmacia, la medicina, le compresse, le pillole
L'	LE	모음으로 시작되는 여성명사 앞에서 l'infermiera, l'ostetrica, le assistenti

N. 10

직설법 근과거 – **ANDARE**(가다), **CADERE**(넘어지다), **PARTIRE**(출발하다) (동사 **ESSERE**의 현재 + 자동사의 과거분사)				
questa mattina	io	**sono**	**andato/a**	in ospedale
ieri pomeriggio	tu	**sei**	**caduto/a**	dalle scale
oggi	lui/lei	**è**	**partito/a**	per Roma
il mese scorso	noi	**siamo**	**andati/e**	dal medico
un'ora fa	voi	**siete**	**caduti/e**	dalla bicicletta
martedi scorso	loro	**sono**	**partiti/e**	alle cinque

문법

N. 11

조건법 현재			
ESSERE		**AVERE**	
io	**sarei** pronto	**avrei**	fame
tu	**saresti** qui	**avresti**	dei soldi
lui/lei	**sarebbe** con me	**avrebbe**	una casa
noi	**saremmo** insieme	**avremmo**	sonno
voi	**sareste** a casa	**avreste**	un lavoro
loro	**sarebbero** contenti	**avrebbero**	la macchina

N. 12

조건법 현재 – 양상동사				
	POTERE	**VOLERE**	**DOVERE**	
io	potr - **ei**	vorr - **ei**	dovr - **ei**	chiedere informazioni
tu	potr - **esti**	vorr - **esti**	dovr - **esti**	cercare una casa
lui/lei	potr - **ebbe**	vorr - **ebbe**	dovr - **ebbe**	venire al più presto
noi	potr - **emmo**	vorr - **emmo**	dovr - **mmo**	seguire il tuo consiglio
voi	potr - **este**	vorr - **este**	dovr - **este**	stare più attenti
loro	potr - **ebbero**	vorr - **ebbero**	dovr - **ebbero**	telefonarti

N. 13

조건법 현재 규칙활용동사	
제1활용동사 **COMPR-ARE**(사다)	
io	compr - **erei**
tu	compr - **eresti**
lui/lei	compr - **erebbe**
noi	compr - **eremmo**
voi	eompr - **ereste**
loro	compr - **erebbero**

제2활용동사 VEND-ERE(팔다)	
io	vend - **erei**
tu	vend - **eresti**
lui/lei	vend - **erebbe**
noi	vend - **eremmo**
voi	vend - **ereste**
loro	vend - **erebbero**
제3활용동사 PULIRE(청소하다)	
io	pul - **irei**
tu	pul - **iresti**
lui/lei	pul - **irebbe**
noi	pul - **iremmo**
voi	pul - **ireste**
loro	pul - **irebbero**

N. 14

부정관사	
남성 단수	
UNO	s + 자음, z, ps, gn으로 시작되는 남성명사 앞에 uno sportello, uno zaino, uno gnocco, uno psicologo
UN	그 외 다른 자음으로 시작되는 남성명사 앞에 un corridoio, un armadio
여성 단수	
UNA	자음으로 시작되는 여성명사 앞에서 una stanza, una cucina, una poltrona
UN'	모음으로 시작되는 여성명사 앞에서 un'antenna, un'anta, un'imposta

문법

❀ N. 15

직설법단순미래		
ESSERE		
io	sa - **rò**	all'hotel Star
tu	sa - **rai**	a Roma
lui/lei	sa - **rà**	in vacanza
noi	sa - **remo**	al mare
voi	sa - **rete**	nostri ospiti
loro	sa - **ranno**	insieme a me
AVERE		
io	av - **rò**	quarant'anni
tu	av - **rai**	un fratellino
lui/lei	av - **rà**	la bicicletta
noi	av - **remo**	una casa nostra
voi	av - **rete**	un lavoro
loro	av - **ranno**	un figlio

❀ N. 16

직설법단순미래 - 규칙활용동사		
제1활용동사 **ARRIV - ARE**(도착하다)		
io	arriv - **erò**	domani
tu	arriv - **erai**	domenica
lui/lei	arriv - **erà**	in ritardo
noi	arriv - **eremo**	stasera
voi	arriv - **erete**	presto
loro	arriv - **eranno**	di notte
제2활용동사 **SCEND - ERE**(내려가다)		
io	scend - **erò**	dal treno
tu	scend - **erai**	dall'autobus
lui/lei	scend - **erà**	dall'aereo
noi	scend - **eremo**	a Roma

voi	scend - **erete**	in via Diaz
loro	scend - **eranno**	al semaforo
제3활용동사 **PART - IRE**(출발하다)		
io	part - **irò**	da Verona
tu	part - **irai**	con tua moglie
lui/lei	part - **irà**	per le vacanze
noi	part - **iremo**	in settembre
voi	part - **irete**	a mezzogiorno
loro	part - **iranno**	in macchina

 N. 17

직설법단순미래 - 불규칙활용동사
ANDARE(가다) → andrò, andrai, andrà, andremo, andrete, andranno
VENIRE(오다, 가다) → verrò, verrai, verrà, verremo, verrete, verranno
BERE(마시다) → berrò, berrai, berrà, berremo, berrete, berranno
VEDERE(보다) → vedrò, vedrai, vedrà, vedremo, vedrete, vedranno
SAPERE(알다) → saprò, saprai, saprà, sapremo, saprete, sapranno
TENERE(잡다, 쥐다) → terrò, terrai, terrà, terremo, terrete, terranno
POTERE(can) → potrò, potrai, potrà, potremo, potrete, potranno
VOLERE(want) → vorrò, vorrai, vorrà, vorremo, vorrete, vorranno
DOVERE(must) → dovrò, dovrai, dovrà, dovremo, dovrete, dovranno
DARE(주다) → darò, darai, darà, daremo, darete, daranno
DIRE(말하다) → dirò, dirai, dirà, diremo, direte, diranno
FARE(하다) → farò, farai, farà, faremo, farete, faranno
STARE(존재하다) → starò, starai, starà, staremo, starete, staranno

N. 18

명령형 - 규칙활용동사		
제1활용동사 **COMPER - ARE**(사다)		
(tu)	**compera**	il francobollo
(lei)	**comperi**	i fiammiferi

문법

(noi)	**comperiamo**	i giornali
(voi)	**comperate**	i quaderni
(loro)	**comperino**	il pane
제2활용동사 CORR - ERE(달리다, 뛰다)		
(tu)	**corri**	a casa
(lei)	**corra**	più forte
(noi)	**corriamo**	via di qui
(voi)	**correte**	da quella parte
(loro)	**corrano**	subito fuori
제3활용동사 SPED - IRE(부치다, 발송하다)		
(tu)	**spedisci**	un vaglia
(lei)	**spedisca**	quelle lettere
(noi)	**spediamo**	subito tutto
(voi)	**spedite**	una cartolina
(loro)	**spediscano**	il pacco a me

 N. 19

명령형 - ESSERE, AVERE, 불규칙활용동사
ESSERE(be) → sii, sia, siamo, siate, siano(tu, lei, noi, voi, loro)
AVERE(have) → abbi, abbia, abbiamo, abbiate, abiano
FARE(do) → fà, faccia, facciamo, fate, facciano
ANDARE(go) → và, vada, andiamo, andate, vadano
VENIRE(come) → vieni, venga, veniamo, venite, vengano
DARE(give) → dà, dia, diamo, date, diano
DIRE(tell, talk) → dì, dica, diciamo, dite, dicano
BERE(drink) → bevi, beva, beviamo, bevete, bevano
STARE(stay) → sta', stia, stiamo, state, stiano

N. 20

직접(인칭)대명사 - 일반형					
MI 나를	chiama**mi** Non chiama**rmi** **Mi** chiami	domani. troppo spesso. stasera?	**CI** 우리를	Invitate**ci** Non chiamar**ci** **Ci**	al cinema! troppo tardi. hanno visto.
TI 너를	Devo veder**ti** Non **ti** aspetto **Ti** aspetto sentirò	subito. più. dopo.	**VI** 너희를	Vorrei veder**vi** Non **vi** **Vi**	al più presto. chiamo oggi. invito a cena.
LO/LA 그를/ 그녀를	vorrei veder**lo/la** Non cercar**lo/la** **Lo/la**	più spesso. mai più. accompagni?	**LI/LE** 그들을	Devo aspettar**li/le** Non cercar**li/le**, **Li/le** conosci	all'uscita. sono fuori. bene?

N. 21

IMPERATIVO - FORMA NEGATIVA(부정명령형)		
AVERE		
(tu)	**non avere**	paura
(lei)	**non abbia**	fretta
(noi)	**non abbiamo**	incertezze
(voi)	**non abbiate**	vergogna
(loro)	**non abbiano**	timore
ESSERE		
(tu)	**non essere**	triste
(lei)	**non sia**	arrabbiato
(noi)	**non siamo**	imprudenti
(voi)	**non siate**	egoisti
(loro)	**non siano**	pessimisti
DIMENTICARE		
(tu)	**non dimenticare**	la spesa
(lei)	**non dimentichi**	le chiavi
(noi)	**non dimentichiamo**	il giornale
(voi)	**non dimenticate**	il cane
(loro)	**non dimentichino**	la promessa

문법

🌼 N. 22

직접(인칭)대명사 – 강세형		
Cerchi	**me?**	→ Mi cerchi?
Sì, cerco	**te.**	→ Sì, ti cerco.
Invito	**lui/lei.**	→ Lo/la invito.
Ha salutato	**noi.**	→ Ci ha salutato.
Vedrò	**voi.**	→ Vi vedrò.
Sento	**loro.**	→ Li/le sento.

🌼 N. 23

전치사	
DI/D'(~의) Ecco il certificato **di** residenza. **Di** sera non esco. Ho un anello **di** oro/d'oro. Mi parli **di** te?	**CON**(~과 함께, 으로, …) Veniamo in vacanza **con** te. Parlami **con** gentilezza! Partiranno **con** l'aereo. **Con** questo brutto tempo non esco.
A(~에, ~에게, …) E' meglio che tu vada **a** casa. In dicembre torno **a** Casa blanca. Spedisci questa lettera **a** Luca. Mi hanno invitato **a** pranzo.	**SU**(~위에, ~대한, …) Scriva **su** questo modulo! Ho letto un libro **su** Gandhi. E' un vestito fatto **su** misura. Tre donne **su** quattro hanno detto no.
DA(~으로 부터, …) Veniamo **da** Tirana. Non lo vedo **da** tre mesi. Sono nuove le tue scarpe **da** tennis? Cenate **da** noi stasera!	**PER**(~를 위해, ~를 통해, …) Un regalo **per** te! Passiamo **per** Piazzale Roma. **Per** colpa tua ho perso il treno.
IN(~안에, …) Perché sei **in** Italia? **In** aprile scade la sua carta d'identità. Mi piace viggiare **in** treno. Parlo abbastanza bene **in** italiano.	**TRA/FRA**(~후에, ~사이에, ~중에, …) Parto **fra** tre giorni. Il mio paese è **tra** Firenze e Pisa. **Tra** di noi c'è una grande amicizia. **Fra** poco tornano i bambini.

N. 24

전치사 관사						
	IL	**I**	**LO/L'**	**GLI**	**LA/L'**	**LE**
DI	del	dei	dello/dell'	degli	della/dell'	delle
A	al	ai	allo/all'	agli	alla/all'	alle
DA	dal	dai	dallo/dall'	dagli	dalla/dall'	dalle
IN	nel	nei	nello/nell'	negli	nella/nell'	nelle
SU	sul	sui	sullo/sull'	sugli	sulla/sull'	sulle

N. 25

지시대명사				
	QUESTO(this)		**QUELLO(that)**	
	남성	여성	남성	여성
단수	questo	questa	quello	quella
복수	questi	queste	quelli	quelle
지시형용사				
	QUESTO(this)		QUEL, QUELLO,	
	남성	여성	남성	여성
단수	questo	questa	quel / quello / quell'	quella / guell'
복수	questi	queste	quei / quegli	quelle

NOTA: 지시형용사는 정관사 규칙을 따른다.

  il foglio → quel foglio,
  lo studente → quello studente,
  l'ombrello → quell'ombrello,
  l'amica → quell'amica.

N. 26

직설법불완료과거				
	ESSERE		**AVERE**	
io	**ero**	affamato	**avevo**	fame
tu	**eri**	stanco	**avevi**	sonno
lui/lei	**era**	in ritardo	**aveva**	sete
noi	**eravamo**	insieme	**avevamo**	paura
voi	**eravate**	felici	**avevate**	freddo
loro	**erano**	tristi	**avevano**	caldo

직설법불완료과거 – 규칙활용동사		
제1활용동사 **MANGI-ARE**(먹다)		
io	mangi - **avo**	la torta
tu	mangi - **avi**	il pane
lui/lei	mangi - **ava**	un frutto
noi	mangi - **avamo**	insieme
voi	mangi - **avate**	a casa
loro	mangi - **avano**	molto
제2활용동사 **PREND-ERE**(먹다)		
io	prend - **evo**	la pasta
tu	prend - **evi**	il riso
lui/lei	prend - **eva**	gli spaghetti
noi	prend - **evamo**	le lasagne
voi	prend - **evate**	i ravioli
loro	prend - **evano**	l'orzo
제3활용동사 **SERV - IRE**(봉사하다)		
io	serv - **ivo**	il tè
tu	serv - **ivi**	il dolce
lui/lei	serv - **iva**	i biscotti
noi	serv - **ivamo**	il caffè
voi	serv - **ivate**	il gelato
loro	serv - **ivano**	i pasticcini

N. 27

직설법불완료과거 – 불규칙활용동사
FARE(do) → facevo, facevi, faceva, facevamo, facevate, facevano
DARE(give) → davo, davi, dava, davamo, davate, davano
DIRE(tell, talk) → dicevo, dicevi, diceva, dicevamo, dicevate, decevano
BERE(drink) → bevevo, bevevi, beveva, bevevamo, bevevate, bevevano
PORRE(put, place, lay) → ponevo, ponevi. poneva, ponevamo, ponevate, ponevano

N. 28

접속법현재 - ESSERE			
Lei crede	che	io **sia**	ammalato.
Penso	che	tu **sia**	in errore.
Speriamo	che	lui/lei **sia**	contento/a.
È meglio	che	noi **siamo**	qui con te.
Ho paura	che	voi **siate**	in pericolo.
Bisogna	che	loro **siano**	più forti.
접속법현재 - AVERE			
È probabile	che	io **abbia**	ragione.
Voglio	che	tu **abbia**	una vita felice.
Mi pare	che	lui/lei **abbia**	bisogno di denaro.
È importante	che	noi **abbiamo**	fiducia in loro.
Ci sembra	che	voi **abbiate**	troppo da fare.
Si dice	che	loro **abbiano**	molta cura del giardino.

TORNARE

Carlo spera	che	(io) torn - i	
		(tu) torn - i	
		(lui, lei) torn - i	al più presto
		(noi) torn - iamo	
		(voi) torn - iate	
		(loro) torn - ino	

문법

PERDERE

Carlo ha paura	che	(io) perd - a (tu) perd - a (lui, lei) perd - a (noi) perd - iamo (voi) perd - iate (loro) perd - ano	il treno

PARTIRE

Carlo ha paura	che	(io) part - a (tu) part - a (lui, lei) part - a (noi) part - iamo (voi) part - iate (loro) part - ano	subito

POTERE	**DOVERE**	**VOLERE**
(io) possa	(io) debba	(io) voglia
(tu) possa	(tu) debba	(tu) voglia
(lui, lei) possa	(lui, lei) debba	(lui, lei) voglia
(noi) possiamo	(noi) dobbiamo	(noi) vogliamo
(voi) possiate	(voi) dobbiate	(voi) vogliate
(loro) possano	(loro) debbano	(loro) vogliano

N. 29

접속법불완료과거 - ESSERE			
Non sapeva	che	io **fossi**	così gentile.
Mi pareva	che	tu **fossi**	un operaio.
Voleva	che	lui/lei **fosse**	puntuale.
Ho creduto	che	noi **fossimo**	a posto.
Si pensava	che	voi **foste**	a passeggiare.
Era possibile	che	loro **fossero**	al lavoro.

접속법현재 - AVERE				
Pensava	che	io	**avessi**	la TV rotta.
Era così bello	che	tu	**avessi**	quel gattino.
Bisognava	che	lui/lei	**avesse**	più tempo.
Gli pareva	che	noi	**avessimo**	freddo.
Immaginavo	che	voi	**aveste**	già il biglietto.
Speravamo	che	loro	**avessero**	poco da dire.

N. 30

간접대명사 – 일반형		
나에게	**Mi**	dici come ti chiami?
너에게	**Ti**	auguro buone feste.
그에게	**Gli**	hai promesso un bel regalo.
그녀에게	**Le**	ho mandato una cartolina.
우리들에게	**Ci**	hanno offerto un aperitivo.
너희들에게	**Vi**	consiglio di pagare l'abbonamento alla TV.
그들에게	**Loro**	la nuova casa!

N. 31

간접대명사 – 강세형 · 일반형		
Questo libro serve **a me.**	=	Questo libro **mi** serve.
Regalo questo profumo **a te.**	=	**Ti** regalo questo profumo.
Ho consegnato la lettera **a lui.**	=	**Gli** ho consegnato la lettera.
So che racconterai tutto **a lei.**	=	So che **le** racconterai tutto.

N. 32

간접대명사 – 강세형 · 일반형		
A noi piacciono le ciliege.	=	**Ci** piacciono le ciliege.
A voi non ho mai detto questo.	=	Non **vi** ho mai detto questo.
A loro daremo un premio.	=	Daremo **loro** un premio.

문법

N. 33

		복합대명사
ME+	LO LA LI LE	Puoi dare a me la tua scheda telefonica? Puoi dar**mela**? (나에게 그것을)
TE+	LO LA LI LE	Non ti hanno detto di consegnare i documenti? Non **te lo** hanno detto? (너에게 그것을)
CE+	LO LA LI LE	Quando porti a noi quei pacchi? Quando **ce li** porti? (우리들에게 그것을)
VE+	LO LA LI LE	Prendete pure una fetta di torta! Prendete**vela**! (너희들에게 그것을)

N. 34

	복합대명사
GLIELO	Hai portato a Frank il suo libro? **Glielo** porto immediatamente.(그에게 그것을)
GLIELA	Non posso spedirle ora la lettera. **Gliele** spedirò domani.(그녀에게 그것을)
GLIELI	Chi ha regalato i cioccolatini a Paulette? **Glieli** ho regalati io.(그녀에게 그것들을)
GLIELE	Dove hai messo le mie carte? **Gliele** ho lasciate sul tavolo.(그들에게 그것들을)

N. 35

재귀동사 - 재귀대명사		
직설법현재 - **ALZARSI**(일어나다)		
io	**mi alzo**	alle 7.
tu	**ti alzi**	presto.
lui/lei	**si alza**	prima di me.
noi	**ci alziamo**	subito.
voi	**vi alzate**	con fatica.
loro	**si alzano**	sempre tardi.

N. 36

재귀동사 - 재귀대명사		
직설법근과거 - **DIVERTIRSI**(즐거워하다)		
io	**mi sono divertito**	molto.
tu	**ti sei divertito**	ieri sera.
lui/lei	**si è divertito/a**	al cinema.
noi	**ci siamo divertiti**	con te.
voi	**vi siete divertiti**	insieme a John.
loro	**si sono divertiti**	a giocare a carte.

N. 37

품질형용사의 어미일치					
		단 수		복 수		
남성	il libro	**nuovo**	i libri	**nuovi**	제1부류형용사
여성	la rivista	**nuova**	le riviste	**nuove**	
남성	il fumetto	**divertente**	i fumetti	**divertenti**	제2부류형용사
여성	la lettura	**divertente**	le letture	**divertenti**	

N. 38

최상급		
절대적최상급	Il giocatore è Questa partita è	**molto bravo o bravissimo.** **molto bella o bellissima.**	

상대적 최상급	Questo calciatore è	**il più veloce**	di tutti.
	La nostra squadra è	**la più fortunata**	fra tutte.

N. 39

비교급과 최상급의 특수형태		
	비교급	최상급
BUONO	più buono migliore	buonissimo ottimo
CATTIVO	più cattivo peggiore	cattivissimo pessimo
GRANDE	più grande maggiore	grandissimo massimo
PICCOLO	più piccolo minore	piccolissimo minimo

N. 40

수동태 SI

대체로 사물이 주어가 될 경우 사용되는 형태이다. 수동태로 해석하면 된다.

1) La colazione **si** serve alle 8. 아침 식사는 8시에 제공된다.

2) Come **si** pronunciano queste parole? 이 어휘들은 어떻게 발음이 되나요?

3) Quale lingua **si** parla nel tuo paese? 너의 나라에서는 어떤 언어가 통용되나요?

N. 41

비인칭 주어 SI

1) D'estate **si** beve di più. 여름에 사람들은 더 많이 마신다.

3) Non **si** sa mai. 사람들은 결코 모른다.

N. 42

직설법 원과거

ANDARE

A vent'anni	(io) and - ai (tu) and - asti (lui, lei) and - ò (noi) and - ammo (voi) and - aste (loro) and - arono	a Milano

CREDERE

Quella volta	(io) cred - ei (tu) cred - esti (lui, lei) cred - è (noi) cred - emmo (voi) cred - este (loro) cred - erono	alle parole di Giorgio

PARTIRE

A quella notizia	(io) part - ii (tu) part - isti (lui, lei) part - ì (noi) part - immo (voi) part - iste (loro) part - irono	subito

문법

ESSERE		AVERE	
(io)	fui	(io)	ebbi
(tu)	fosti	(tu)	avesti
(lui, lei)	fu	(lui, lei)	ebbe
(noi)	fummo	(noi)	avemmo
(voi)	foste	(voi)	aveste
(loro)	furono	(loro)	ebbero

✱ N. 43

동명사

-ARE : -ANDO	-ERE : -ENDO	-IRE : -ENDO
lavor - ando	cred - endo	usc - endo
cant - ando	perd - endo	part - endo
	av - endo	
	ess - endo	